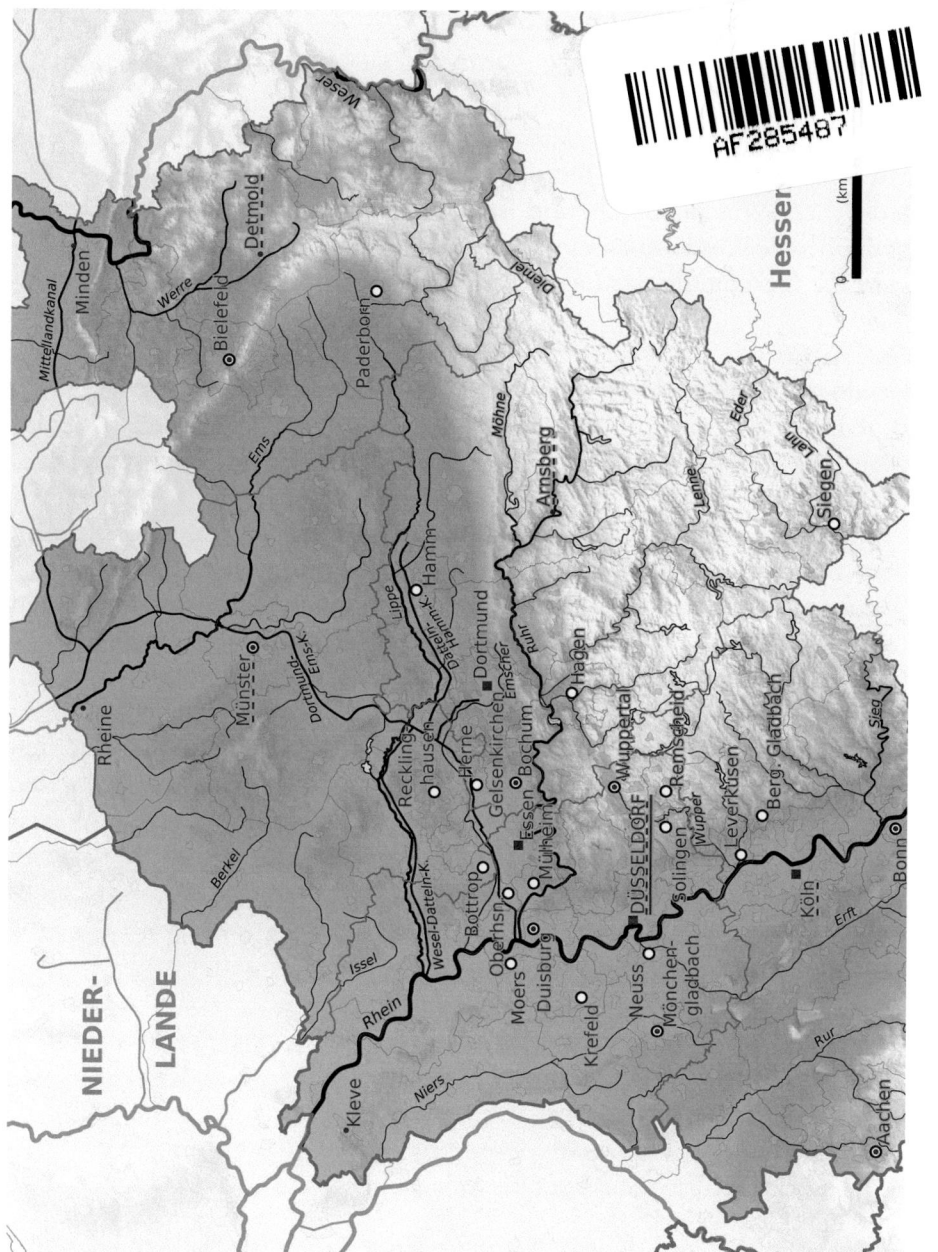

NIEDER-

LANDE

HESSEN

Mittellandkanal

Minden

Werre

Weser

Detmold

Bielefeld

Paderborn

Ems

Diemel

Möhne

Arnsberg

Lenne

Eder

Lippe

Hamm

Datteln-K.

Hamm-K.

Dortmund

Emscher

Ruhr

Hagen

Siegen

Siea

Münster

Dortmund-

Ems-K.

Rheine

Recklinghausen

Herne

Gelsenkirchen

Bochum

Essen

Mülheim

Wuppertal

Remscheid

Wupper

Berg. Gladbach

Rhein

Berkel

Wesel-Datteln-K.

Bottrop

Oberhsn.

Duisburg

Krefeld

Moers

Neuss

DÜSSELDORF

Solingen

Leverkusen

Köln

Erft

Bonn

Issel

Mönchen-

gladbach

Kleve

Niers

Rur

Aachen

(km

Zu diesem Buch

Heimatkunde einmal anders. *„Willst du immer weiter schweifen? Sieh, das Gute liegt so nah.“* Was Goethe 1827 textete, hat immer noch Gültigkeit. Auch wenn über unsere Landschaften inzwischen eine Heerschar von Bautrupps gezogen ist. Der Autor fuhr mit dem Rad die Grenzen Nordrhein-Westfalens ab und berichtet mit viel Humor und lockerer Schreibe nicht nur über die Härten des Outdoorlebens, sondern auch über die Geschichte der Landschaften und ihrer Menschen.

Der Autor

Guido Block-Künzler wurde 1958 im osthessischen Schlitz geboren. Bereits Anfang der 1980er entdeckte er sein Lebensthema: der Kampf gegen die Zerstörung von Landschaften durch naiven Wachstumsglauben und Profitgier. Als Ökologiereferent des AStA der JLU Gießen hat er den Widerstand gegen die ‚Startbahn 18 West’ mitorganisiert. Nach dem Studium arbeitete er als Rechtsanwalt und Geschäftsführer des Wissenschaftsladens in Gießen. Dort standen neben Umweltberatung und bürgernahem Wissenstransfer auch Themen der Regionalentwicklung auf der Agenda. Als der Wissenschaftsladen an ausbleibenden Fördermitteln verschied, gründete der Umweltjurist, Umweltaktivist und Umweltpublizist 2004 zusammen mit ehemaligen Kollegen den Verein für nachhaltige Flächennutzung und Umweltkommunikation. Der Verein betreibt die Website **www.landusewatch.info**. Seit 2006 ist der Autor mit seinem Biwaksack in den Bundesländern, am Mittelmeer und auf den Kanaren per Rad und zu Fuß unterwegs. Seine Reiseberichte veröffentlicht er bei BoD unter *edition block-kuenzler*. (**www.outdoor-reiseberichte.info**)

Impressum

Herstellung und Verlag: Books on Demand GmbH, Norderstedt
© Guido Block-Künzler. Alle Rechte vorbehalten
Umschlagphoto, Bilder und Gestaltung: Guido Block-Künzler
Karte unter CC-Lizenz (WikipediA, Urheber: TUBS)

CIP-Kurztitel: Block-Künzler, Guido: Einmal Aachen und zurück – mit dem Rad rund um Nordrhein-Westfalen, 2. Auflage, BoD, 2011.
ISBN 9783839189337

Guido Block-Künzler
Einmal Aachen und zurück
Mit dem Rad rund um Nordrhein-Westfalen

edition block-kuenzler

Ich danke meinen Eltern, Frau Schulten vom Mercator-Verlag (die mir
Mut machten, mein erstes Reisebuch auf den Weg zu bringen), meinem
Freund und ehemaligen Anwaltskollegen Gerhard K.W. Küchen für das
akribische Lektorat der Neuauflage und meinen Fans in verschieden
Internetforen für die ermutigenden Kommentare.

Inhalt

Aachen
Wo die wilden Kelten wohnten
6

Dreiländereck
Mit dem Charme von Checkpoint Charlie
12

Zuid-Limburg
Zwischen allen Stühlen
16

Wurmrevier
"Sie haben Courage, Mevrouw Englerth!"
21

Maastal
„Von der Maas bis ...."
27

Niederrhein
Land am großen Strom
43

Münsterland
Wo Flachs und Torf das Leben bestimmte
65

Teutoburger Wald
Die Falle für Varus stand anderswo
76

Weserbergland
Wie buchstabiert man Hektik?
89

Warburger Börde
Hier wächst das weiße Gold
103

Sauerland
Die holländischen Alpen
106

Siegerland
Vom Quellenland zum Rhein
117

Rheinland
Nachkommen widerspenstiger Speckfranzosen
125

Eifel
Wind, Wasser und stille Wälder
133

Grenzland Eupen
Hier spricht man deutsch
142

Aachen
Wo die wilden Kelten wohnten

Pfui Teufel! Das ist nicht der Beginn einer wundervollen Freundschaft. Was da aus der Leitung kommt, riecht nach faulen Eiern und verbrennt mir fast die Zunge. Im Gegensatz zu mir liebten die römischen Legionäre diese heißen Quellen. Hier leckten sie ihre Wunden, nachdem sie sich über schneebedeckte Alpenpässe und durch dunkle Buchenwälder nach Norden geplagt hatten. Jedenfalls diejenigen, die nicht schon bei ihrer Ankunft in Stücke gerissen zu wurden. Denn viele Legionäre sahen ihre Heimat nie wieder. Die Nordmänner hatten etwas dagegen, ihre Wälder mit ihnen zu teilen und für dieses zweifelhafte Vorrecht auch noch Steuern zu zahlen. Sie waren seit Jahrhunderten hier zu Hause. Für die Römer war das kein Vorteil. Ist wie beim Fußball.

Weit sind die Truppen des Imperiums auch nicht gekommen. Über Vierhundert Jahre gruben sie sich in ihren linksrheinischen Festungen ein. Auf der anderen Seite erwartete sie der Tod. Die Germanenstämme kämpften mit wilder Entschlossenheit um ihr Land. Friedlich im Bett zu sterben, war nicht ihr Ding. Den rumvollen Sieg konnten sie im Diesseits feiern, der Heldentod brachte sie an die Tafel ihrer Ahnen. Odin würde es schon richten. Pech für die römischen Legionäre. Mit Leuten, für die der bessere Teil des Lebens erst im Jenseits beginnt, ist nicht gut Kirschen essen - gestern wie heute. Und was wäre erst aus den Römern geworden, hätten die Germanen die Sache mit den Jungfrauen spitzgekriegt!

Den römischen Senatoren in der Vorstandsetage des Imperiums war dieser *clash of civilisations* egal. Die Truppen hatten ihren Job zu machen, komme was da wolle. Wie die germanischen Stämme tickten, interessierte weder die Frontoffiziere noch ihre Befehlshaber am Tiber. Beide hielten die in Felle gehüllten Männer für Barbaren. Schon alleine deshalb, weil ihnen Eigenheimbau fremd war (das sollte sich später – nicht unbedingt zum Vorteil der Landschaften – ändern). Die Sippe lebte in zugigen Langhäusern Allerdings waren die Römerlager in der Unterabteilung für das Fußvolk auch nicht besonders schick und luxuriös. Der Aachener Talkessel muss gerade diesen Underdogs wie der Garten Eden vorgekommen sein - ein Wellnescenter im kalten Norden.

Ohne die Kelten wären die römischen Legionäre kaum auf die Idee gekommen, in diesem gottverlassenen Tal zu siedeln – so fern vom grünen Hügel über dem großen Strom, auf dem sie ihre Hauptstadt *Colonia* errichtet hatten. Die Kelten erkannten das Potential der Quellen und blieben. Die Römer schauten vorbei – und blieben. Warmes Wasser stand bei ihnen hoch im Kurs. Sie bauten die Siedlung zum Militärbad aus.

Imperien kommen und gehen. Vierhundertsechzig zogen die letzten Römer ab und die Vorfahren Karls übernahmen im Rheinland das Ruder. Den idyllischen Ort ließen sie allerdings lange links liegen. Siedlungen des untergegangenen Imperiums waren bei ihnen nicht angesagt. Schließlich hatten sie sich von den Römern alles andere als einvernehmlich getrennt.

Wiederentdeckt wurde das Tal erst vier Jahrhunderte später. Karl der Große vergnügte sich hier. Der Christenmensch soll dabei nicht unbedingt lehrbuchmässig monogam gelebt haben. Die heißen Quellen waren sein Wellnescenter und Sündenpfuhl. Wenn er nicht gerade dabei war, das christliche Abendland mit dem Schwert in der Hand zu schmieden, zog er sich hierhin zurück. Schließlich war der Job anstrengend.

Die Aachener Pfalz hatte er von seinem Vater geerbt. Nach seiner Kaiserkrönung tat er etwas für mittelalterliche Herrscher ungewöhnliches. Er wählte die Pfalz zu seiner permanenten Residenz und wurde hier halbwegs sesshaft. Die deutschen Könige regierten im Mittelalter auf dem Rücken ihrer Pferde. Im armen Mitteleuropa war kein Ort in der Lage, den ganzen Hofstaat längere Zeit zu ernähren. Ackerbau und Viehzucht waren noch nicht soweit, die Erträge zu gering. Daher zog der Herrscher mit seinem Gefolge wie ein Heuschreckenschwarm von einem königlichen Gutshof zum nächsten. Ohnehin wäre es unklug gewesen, die lokalen Despoten allzu lange unbeaufsichtigt zu lassen. Auch so kamen sie oft genug auf dumme Gedanken. Ums Reisen kam also auch Karl nicht herum.

Sein Palast stand dort, wo heute das Rathaus steht. Aus der Pfalzkirche ließ er nach dem Vorbild oströmischer Kaiserkirchen den größten Kuppelbau jenseits der Alpen errichten - durch Gastarbeiter aus dem Mittelmeerraum. Hier im Norden besaß man zu Karls Zeit mit Steinbauten kaum Erfahrung. Die Völker jenseits der Alpen legten ihr Leben

nicht darauf an, längere Zeit an einem Ort herumzuhängen. Sie hatten Ameisen im Hintern. Wenn man nur eine Generation bleiben will, verbringt man nicht die besten Jahre seines Lebens mit dem Häuslebau. Ihre Langhäuser waren vor allem eines: praktisch – ohne überflüssigen Schnickschnack. Eingang, Rauchabzug im Dach, fensterlose Wände aus Holzbohlen – mehr gönnte sich der Germane nicht. Das war schnell in eine Lichtung gesetzt und damit so etwas wie frühmittelalterlicher Plattenbau. Daher sind von Karls Lieblingsstadt nur wenige Steingebäude halbwegs erhalten.

Das heutige Stadtbild bestimmen Bauten, die den spätmittelalterlichen Großbrand, die Bomber im letzten Weltkrieg und die Stadtplaner des Wirtschaftswunderlandes überlebt haben. Die Planer haben Aachen den Rest gegeben – leider kein Einzelfall. Die autogerechte Stadt fraß sich in das kulturelle Erbe der jungen Republik, als ob es weder ein Gestern noch ein Morgen gäbe. Mit dem historischen Gesicht verschwand nicht nur Baumasse, sondern auch ein Teil der Identität. Heute wollen einige die Geschichte zurückdrehen. Bautechnisch. Zumindest dort, wo die Bomben wüteten - weniger dort, wo die Stadtplaner Breschen in die Städte und Dörfer schlugen. Am Frankfurter Römer und in Berlin zum Beispiel. Man sollte denen ein Ticket für Disneyland spendieren – das kommt bei gleichem Effekt billiger.

Als ich vor einer Stunde im Hauptbahnhof Aachen ankam, hielt ein einsamer Polizist Terroristen fern. Sein abwesender Kollege puderte sich wohl die Nase. Ich fühlte mich rundum beschützt vor bärtigen Männern mit Krummdolchen unterm Kittel und Plastiksprengstoff im Gepäck, die den Dschihad in diese Metropole am Nordrand der Eifel tragen könnten. Die am Sonntag zuvor eröffnete Reitweltmeisterschaft zeigte im Gegensatz zum elften September wenig Spuren. Ein paar Flaggen hingen lustlos auf dem Vorplatz. Bunte Pappmachépferde warteten in der Innenstadt auf Leute, die das lustig finden Vor dem Eingang war ein Infostand aufgebaut. Zwei Funktionärinnen in adretten Phantasieuniformen würden dort Stadtpläne verteilen – wer aber braucht für Aachen einen Stadtplan, wenn er nicht grade zum Dreiländereck will? Und das ist da nicht mehr drauf.

Der Bahnhofsvorplatz ist zubetoniert. Die wohl längsten Sitzbänke Europas stehen hier. Damit ihnen nachts nicht bange wird, werden sie von postmodernen Laternen beleuchtet. Die Lehre, dass man das Neue irgendwie in Beziehung zum Bestand setzt, ist hier im Grenzland noch nicht angekommen. Die gute Nachricht: es gibt noch Hoffnung. Bis zum Ende unseres Sonnensystems ist noch ein bisschen Zeit.

Das Ganze hat kaum mehr Glanz als ein Supermarktparkplatz. Nur die Wahrscheinlichkeit, etwas Grün zu finden, ist vor den Konsumtempeln höher. Was ich hier kriege, muss ich nicht haben. Ich schultere meinen Rucksack und verlasse diesen heimeligen Ort. Mein Ziel ist zunächst der Elisenbrunnen. Das ist der, mit dem ich in diesem Leben keine Freundschaft mehr schließen werde – Sie erinnern sich. Danach nehme ich Kurs auf den Dom, der nur wenige hundert Meter Luftlinie auf dem Hügel vor mir steht. Auf dem Platz davor trippelt eine graue Taube mit nickendem Kopf herum. Die Ratten der Lüfte sind auch in Aachen nur bei Rentnern und einigen Tierschützern wirklich beliebt. Bei den Dombaumeisterinnen sind sie es nicht.

Direkt gegenüber verkauft eine Traditionsbäckerei Aachener Printen – Lebkuchen, nur irgendwie anders. Ich kaufe eine winzige Tüte, die ich in Gold aufwiegen muss, verlasse die Bäckerei und stehe wenig später vor der Südostseite des Doms, der die Jahrhunderte mit permanentem Lifting passabel überstanden hat. Das ist so selbstverständlich nicht. So war 1806 geplant, seinen Kollegen in Speyer abzureißen und als Steinbruch zu verwenden. Heute gehören beide zum Weltkulturerbe.

Die Manifestation der Macht türmt sich vor mir auf. In der Hauptstadt des Christenreichs durfte eine prächtige Kapelle nicht fehlen. Sie musste den Kirchenbauten in Byzanz, Rom und Ravenna ebenbürtig sein, wollte Karl sich nicht zum Gespött von Adel und Klerus jenseits der Alpen machen. Da kamen ihm die Ruinen einer römischen Therme gerade recht. Steine waren rar und das Recycling römischer Bauwerke ein Volkssport.

Um Karls Dom herum sah es lange Zeit weniger prunkvoll aus. Das gemeine Volk wohnte in verräucherten Katen. Das waren Wohnschlafküchen, in die kein Sonnenstrahl drang. Ihren Herren ging es in engen und kalten Gemäuern kaum besser. Durch die Fenster zog es wie Hechtsuppe, auch wenn sie durch Holzläden oder Tierhaut verschlossen werden konnten. Glasfenster gab es erst Jahrhunderte später - und auch nur für Leute mit richtig viel Geld. Erträglich wurde das Leben am ehesten durch Völlerei. Die verfeinerte Küche der Antike war längst vergessen. Den Hungerleidern des Mittelalters ging es meist darum, sich den Bauch vollzuschlagen. Sie veranstalteten, wenn es denn überhaupt Mal was Ordentliches gab, *„Das große Fressen"*.

Ich gehe am Dom vorbei über die Krämerstraße zur Südseite des Rathauses. Anfang des vierzehnten Jahrhunderts übernahmen die Aachener Bürger den verfallenden Palastbau Karls und errichteten auf seinen Grundmauern ihr Verwaltungszentrum. Der Steinbau sollte mehr als ein Nutzgebäude sein. Er sollte ein Zeichen ihrer bürgerlichen Freiheit werden. Im Sockelbereich ist noch das karolingische Mauerwerk zu sehen, lese ich später. Aufgefallen ist mir das nicht. Im Gegensatz zum Granusturm an der Ostfassade. Seine ersten zwanzig Meter stehen dort seit 788. Sie gehörten zu Karls Wohnbereich und scheinen nicht gerade spartanisch eingerichtet worden zu sein. Überliefert ist jedenfalls, dass im mittleren Stockwerk eine Warmluftheizung eingebaut war. Karl ließ sich nicht lumpen, wenn es um sein Wohlergehen ging.

Dreiländereck
Mit dem Charme von Checkpoint Charlie

Angesichts der fortgeschrittenen Zeit treibt es mich zum Dreiländereck. Ich bin gespannt, wie es sich dort schläft. Höher jedenfalls, den es liegt auf einem Berg. Auf der Vaalserstraße herrscht die Rushhour. Lärm und Gestank sind kaum zu ertragen. Ich rufe einem Radfahrer *"Dreiländereck?"* zu. Wenn ein Aachener nach dem Weg fragen will, dann fragt er nicht *„Kennst Du Dich hier aus?"*, sondern *„Kennst Du Dich hier?"* worauf die Antwort *„Hier kenn' ich mich nicht!"* sein kann. Auch hier können sie alles außer Hochdeutsch. Das Öcher Platt ist dem Kölsch ähnlich. Es wird *Ööscher Platt* gesprochen und hat eine markante Sprachmelodie, die auch als Singsang bezeichnet wird. Verwandt ist es mit dem niederländischen Vaalser (*Vólsj*) und dem Kerkerader Platt (*Kirchröadsj*). Irgendwie gehören sie hier jenseits künstlicher Grenzen alle zusammen.

Gott sei Dank ist mein Radler ein heimisches Gewächs und *„kennt sich hier"*. Geradeaus schickt er mich. Das trifft die Richtung ungefähr. Er hätte auch sagen können, die Nordsee liegt irgendwo da oben. Glücklicherweise komme ich an dem Wegweiser 'Berghotel Dreiländereck' vorbei. Wird wohl meine Richtung sein. Am Nordseestrand kann es kaum liegen Bis zum Hotel schafft es meine Ausdauer nicht mehr. Daher verschiebe ich den Gipfelsturm auf morgen und schlage mein Biwak zu seinen Füßen auf. In einer Hecke, inmitten von Brennnesseln, gut geschützt vor unliebsamen Blicken. Danach suche ich mir den optimalen Talblick, setze mich in das feuchte Gras und mache den Elsässer auf. Man gönnt sich ja sonst nichts.

Vaals und Aachen bieten sich einen Wettstreit um den Preis für das hässlichste Hochhaus. Mein Favorit ist das Aachener Klinikum. Das Klinikum hat den Charme überdimensionierter Raiffeisen-Futtertürme. Seine Mitbewerber im niederländischen Vaals hat Honecker bei einem Staatsbesuch hinterlassen, jedenfalls sehen die Plattenbauten so aus. Abgesehen davon gibt es viel Grün fürs Auge. Es wird langsam dunkel. Der Himmel ist inzwischen verhangen, doch der fruchtige Wein hebt meine Stimmung. Die Kühe nebenan zeigen sich nur mäßig interessiert an ihrem neuen Nachbarn. Nur ab und zu weht der schwache Wind den Lärm der Bundesstraße aus dem Tal. Tack, tack, tack. Auf dem

Asphalt oberhalb der Weide stöckelt die unvermeidliche Nordic-Walker-Kampftruppe in breiter Front heroisch der Dämmerung entgegen. Ein Heißluftballon fliegt an der Kirchturmspitze in Vaals vorbei. Lautlos.

So friedlich wie heute war es hier nicht immer. In diesem Tal begann am 10.Mai 1940 der *‚Fall Gelb'*. Hinter dem Codenamen verbirgt sich der Überfall Nazideutschlands auf die neutralen Niederlande. Bereits fünf Tage später musste die Regierung kapitulieren. Hitlers Luftwaffe hatte Rotterdam in Schutt und Asche gelegt.
Gleichzeitig marschierte die Wehrmacht mit großen Panzerverbänden über die Ardennen in Belgien und Luxemburg ein. Für die Freiheit zogen Menschen in viele Kriege. Die damals durch dieses Tal unter mir marschierten, bereiteten jedoch den Weg in den Holocaust und die Verwüstung Europas vor. Das schaute lange tatenlos zu. Stalin paktierte sogar Anfangs mit Hitler. Roosevelt und Churchill haben sich erst im Mai 1943 auf den Sturm der Nazi-Festung Europa geeinigt. Ein Jahr später begann die *‚Operation Overlord'*. Es sollte noch ein weiteres Jahr dauern, bis der Geschützlärm über Europa verstummte. 39 Millionen Soldaten und Zivilisten erlebten die Kapitulation des Nazireichs nicht mehr, weitere 6 Millionen den Holocaust. Das ist mehr als die Hälfte der Bevölkerung unserer Republik!

Am nächsten Tag regnet es Bindfäden. Die Dusche hält bis zum späten Vormittag an. Wenigsten ist sie warm. Als ich das Besucherzentrum auf dem Vaalserberg endlich erreiche, will bei mir kein Dreiländergefühl aufkommen. Auf das, was ich hier sehe, bin ich nicht vorbereitet. Ein mit Natodraht bewehrter Betonturm beherrscht die Waldlichtung. Das sieht mehr nach Zonengrenze aus als nach freiem Blick über befreundete Nachbarländer. Der Turm ist die einzige Chance zum Dreiländerblick. Der Besitzer muss inzwischen steinreich sein. Die hohe Restaurantdichte und ein riesiger Parkplatz machen mir klar, was hier bei gutem Wetter los ist. Muss ich nicht haben. Den Geruch von ranzigem Frittenfett in der Nase, danke ich dem Schnürlregen.
Der Wachturm steht zweihundert Meter entfernt vom *Hoogstepunt van Nederland*. Hier verkündet eine Bodenplatte, dass ich mich auf *Nederlands Top* befinde. Die Zugspitze der Niederlande bringt es auf immer-

hin 322 und einen halben Meter. Bei ansteigendem Meeresspiegel könnte es hier eng werden. Für die Niederländer. Es sei denn, wir gewähren ihnen Zuflucht. Aber das tun wir ohnehin. Seit Jahren kommen sie in Scharen über die Grenze. Noch sind es keine Klimawandelflüchtlinge. In ihrem dicht besiedelten Land wird Bauland mit Gold aufgewogen, bei uns subventionieren es die Kommunen.

Hier oben siedelt vorerst niemand. Noch bleiben die Bagger dem dichten Wald fern. Kämen sie, gäbe es wohl mächtig Ärger unter dann nicht mehr so dolle befreundeten Staaten. Seit über hundert Jahren stehen auf diesem Berg die Grenzsteine der Königreiche Belgien, Niederlande und des Deutschen Reichs. Einem davon ist inzwischen das Reich mitsamt blaublütigem Oberhaupt abhanden gekommen.

Einige Schritte weiter steht ein vierter Grenzstein. Er erinnert daran, dass der Berg vom Wiener Kongress bis zum Friedensvertrag von Verdun sogar ein Vierländereck war. Preußen und das Vereinigte Königreich der Niederlande hatten sich nach dem Sieg über Napoleon nicht auf eine Grenzziehung einigen können. Schließlich ging es nicht um ein paar Baumstämme. Das Grenzgebiet war reich an Bodenschätzen. Ein Dreieck um die von einem Lütticher Chemiker zehn Jahre vor dem Restaurationsfestival gegründeten *Mines de Calamine de la Vielle Montagne* blieb ungeteilt. Zwar wurde eine gemeinsame Verwaltung vereinbart, faktisch entstand acht Kilometer vor Aachens Toren ein Zwergstaat. Die Preußen mussten es ertragen, dass in Neutral-Moresnet beziehungsweise Altenberg Napoleons fortschrittliche Gesetzgebung weiterhin galt. Da es in dem winzigen Gebiet keine Richter gab, mussten ihre hilfsweise sogar nach dem *code civil* und dem *code pénal* Recht sprechen, wenn es dort Ärger gab. Bitter war das nur für die Preußen. Im Rheinland erfreute sich Napoleons Gesetzgebung auch nach dessen unfreiwilligem Abgang großer Beliebtheit.

Dem Chefarzt der Zinkerzgrube genügte das nicht. Er wollte das Territorium zum ersten Esperanto-Staat (*Esperanto:* ‚Hoffender‘) der Welt auszurufen, eine Art ‚Republik Freies Wendland‘ für unsere Urgroßväter. Der Sozialromantiker nannte den Staat *Amikejo*, Ort der Freunde. Der aus dem hessischen Wetzlar zugezogene Dr. Wilhelm Molly war sehr beliebt, berechnete er doch nicht viel für seine Behandlungen. Am 13. August 1908 trommelte er fast die gesamte Bevölkerung im Schützenhaus zusammen. In der geschmückten Halle wurden glühende Reden gehalten. Die Bergarbeiterkapelle spielte dazu „*O Altenberg, o Altenberg, du kannst mir sehr gefallen*" - gesungen auf die Melodie eines bekannten Weihnachtsliedes. Es war ihre Nationalhymne. Ob das die Preußen – die sich zwischenzeitlich ein Kaiserreich zugelegt hatten - ärgerte, ist nicht überliefert. Vermutlich schon, drängten sie doch um die Jahrhundertwende wieder verstärkt auf eine Lösung. Inzwischen ging es allerdings nur noch ums Prinzip. Längst war das letzte Zinkerz aus dem Boden des Zwergstaates gekratzt worden. Die Preußen hängten sich richtig rein. Sie drehten sogar den Strom ab und kappten die Telefonleitungen. Doch selbst die preußischen Bewohner wehrten sich gegen eine Aufhebung des neutralen Statuts. Im ersten Weltkrieg kassierte das Kaiserreich – Gelegenheit macht Diebe - den Zwergstaat ein. Nach dem verlorenen Krieg musste Deutschland die belgische Souveränität anerkennen. Der Bezirk wurde der Provinz Lüttich einverleibt. Die Bevölkerung hatte das schon lange herbeigesehnt. Zwanzig Jahre wurde es dann ruhig um die dreieinhalb Hektar Land. Dann fielen die Nazis in Belgien ein. Seit dem zweiten verlorenen Weltkrieg gehört das Gebiet endgültig zu Belgien, seit der Sprachgesetzgebung von 1963 zur deutschsprachigen Gemeinschaft.

Zuid-Limburg
Zwischen allen Stühlen

Ich rolle hinunter nach Vaals. Bis ich wieder auf meinem innig geliebten Aachener Bahnhofsvorplatz stehen kann, habe ich noch weit über tausendsechshundert Kilometer Landesgrenze vor mir. Mal schauen, was das Land noch an Sonderlichkeiten zu bieten hat. Gegenwärtig radele ich jenseits der Grenze. Im Osthang des Vaalserberg hängt das Restaurant *,De Bokkenrijder'*. Hier habe ich endlich wieder freie Sicht. Es ist zwar nur ein Zweiländerblick, aber ich bin bescheiden geworden. Außerdem trübt ihn keine Regenwand mehr. Mit bester Laune rolle ich weiter. An beides könnte ich mich gewöhnen. Auch später stellt die Landschaft keine radsportlichen Anforderungen. Es ist eine Miniaturlandschaft mit sanften Hügeln. Schnuckelige Dörfer verteilen sich über liebliche Täler. Das erinnert ein bisschen an meine erste Modelleisenbahnlandschaft. Im Gegensatz zu ihr sind die Leute hier allerdings echt. Leider verstecken sich fast alle in ihren schmucken Häusern. Die Niederländer nennen den Landstrich auch ,holländische Alpen'. Das tun sie mit einer Mischung aus Resignation und Geschäftstüchtigkeit, denn eigentlich versteht der Niederländer darunter nur zwei Provinzen unter vielen. Die liegen direkt an der Nordsee, haben folglich mit dem putzigen Hügelland vor mir wenig zu schaffen. Eingebrockt haben sie sich das selbst. Nicht die Hügel, die Niederländer. Vor fünfzig Jahren entdeckten sie den Wirtschaftswundermarkt der einstigen Besatzer. Zu dessen Eroberung schickten sie Frau Antje in die bundesdeutschen Wohnzimmer. Mit ihrem blütenweißen Flügelhäubchen warb sie penetrant für ,Qualität aus Holland'. Das schöne Käsemädchen war hierzulande über Jahrzehnte bekannter als viele Spitzenpolitiker. Besser kann Marketing nicht laufen. Gouda ist aus deutschen Supermarktregalen nicht mehr wegzudenken. Im Gegenzug sind die Niederländer zu Holländern geschrumpft. Offensichtlich können sie inzwischen damit leben.

Die Dörfer haben hier Namen wie Raren, Holset und Vijenerbos. Niedlich wie die Namen wirken sie auch auf mich. Die Mischung aus Fachwerk und südländisch grauen Bruchsteinhäusern ist allerdings nicht das, was sich der Deutsche gemeinhin unter holländischer Baukultur vor-

16

stellt. Backsteinhäuschen an schmalen Grachten passen eher ins Bild. In diesem Landstrich macht sich der Einfluss aus dem nicht backsteinfetischistischen Ausland bemerkbar. Ich wundere mich nicht, dass in dieser Landschaft die meisten Sternehotels des Landes stehen. Ist jedoch nicht meine Welt. Ich reise mit kleinem Geld und muss mich mit meiner Dackelgarage bescheiden. Nach diesem Reisebericht wird sich das nur geringfügig ändern. Das ist auch gut so. Nichts gegen Luxus, aber schon Epikur hat davor gewarnt, dass des Guten zuviel auch nicht glücklich macht. Mich macht glücklich, dass ich immer viel Gegend um mich herum habe, einsame Sonnenuntergänge *all inclusive*. Und kein griesgrämiger Chef weit und breit.

Die Niederlande sind hier anders- auch was die Berauschungsmittel angeht. Hier werden sie nicht importiert oder in Lagerhallen unter künstlicher Sonne angebaut und in speziellen Häusern verkauft. Ganz offen wachsen sie auf freiem Feld. Wie bei den Nachbarn. Wo sich das Königreich wie eine Speerspitze zwischen Belgien und Deutschland zwängt, bringt es außer einem akuten Bronchialkatarrh rein gar nichts, ihre getrockneten Blätter zu rauchen. Zwischen Apfelplantagen gedeihen hier Weinreben. Internationaler Ruhm blieb ihnen allerdings bislang versagt. Selbst die Niederländer greifen im Regal eher nach südlicheren Weingenüssen. Mit dem Klimawandel wird sich das ändern. Tuvalu geht unter und die Holländer werden gute Weinbauern. Gerecht ist das nicht.

Die Provinz Limburg ist das Bayern der Niederlande. Einfach anders als der Rest - nicht nur Landschaft und Baukultur! Die Bevölkerung ist katholisch, nicht calvinistisch reformiert wie im übrigen Land. Und das Limburgische ist den Bewohnern der übrigen Provinzen mindestens so unverständlich wie das Bayerische uns. Hier wird Westplatt gesprochen. Das haben sie mit den Bewohnern des belgischen Limburgs und einigen Rheinländern gemein. Es ist als Minderheitensprache anerkannt und genießt damit Schutz aus Brüssel. Bis ich bei Venlo die Provinz endgültig verlassen werde, begleiten mich zweisprachige Ortsschilder. Warum ihre Hymne *„In 't bronsgroen eikenhout"* dennoch in bestem Niederländisch verfasst ist? Sie wollen auch dazu gehören, trotz aller Unterschiede. Der besungene Eichenwald ist freilich längst Geschichte.

Im Simpelfelder Supermarkt gibt es *Huzarenzalade*. Im Sonderangebot, die Kilopackung für wenig mehr als einen Euro. Die Evolution hat die

Jäger und Sammler eindeutig programmiert: *„Wenn Essen vorbeikommt, hau rein!"* Das Gesetz der Savanne wirkt noch heute und macht für mich keine Ausnahme. In Supermarktzeiten ist es allerdings keine intelligente Überlebensstrategie. Es macht auf Dauer ein wenig rundlich, erzeugt Diabetes und hat weitere unerfreuliche Effekte. Nachdem ich in der Backsteinwüste – wohl eine Art ‚Neue Mitte' - den Plastikpott Kartoffelsalat mit Beef, Erbsen, Tomaten, Karotten und viel Majo fast leergeräumt habe, funkt mein Körper deutliche Signale. Leider kann ich mich nicht wie ein satter Löwe unter einen Baumschatten flüchten und den Rest des Tages mit einem Verdauungsschläfchen verbringen. Luftlinie bin ich grade mal zwanzig Kilometer vorangekommen – etwas dürftig. Ginge es in diesem Tempo weiter, könnte ich Rente beantragen, ehe ich wieder in Aachen bin. Außerdem ist es noch früher Nachmittag. Mein Kopf treibt den Bauch weiter.

Eigentlich wollte ich zur ehemaligen Bergarbeiterstadt Heerlen, wo Thomas Bernhard geboren wurde. Die meisten Kulturbeflissenen halten ihn für einen waschechten Österreicher. Falsch. Aber kulturell gesehen ist er ein waschechter Wiener. Seiner antizipierten Wiener Melancholie haben wir Jahrhundertsätze zu verdanken wie *"Es ist alles lächerlich, wenn man an den Tod denkt"*. Ich raffe mich zwar auf aus meiner melancholischen Döserei, schaffe es nach meinem opulenten Mittagsmahl aber nur bis Kerkrade, limburgisch *Kirchroa*. Dessen Industriestraat hält, was sie verspricht. Großflächige Industriegebiete säumen die Straße auf beiden Seiten. Auf dem Weg in die Innenstadt komme ich an einem Förderturm vorbei, der dezent beige angestrichen ist. Vor stahlblauem Himmel macht er eine bessere Figur als viele Hochhäuser. Jenseits der Grenze haben die Bosse weniger Wert auf Design gelegt.

Angegraben haben sie dieselben Flöze. Die entstanden, als noch nicht absehbar war, dass hochentwickelte Tiere mit ausgeprägtem Territorialverhalten danach graben würden. Wie jenseits der Grenze haben sie sich auch hier über Jahrzehnte in die Erde gebohrt, immer auf der Suche nach dem schwarzen Gold. Der Förderturm wird gerade restauriert. Er gehört zum nahen Industriemuseum. Daran, dass diese Region bis in die sechziger Jahre des letzten Jahrhunderts vom Bergbau lebte, erinnert auch eine Bronzestatue am Markt. Ansonsten hat der Aktionsplan *„Von Schwarz nach Grün"* gründliche Arbeit geleistet. Grün ist es hier tatsächlich – erinnert mich ans Ruhrgebiet. Ob hier auch grünes

Wirtschaften angesagt ist? Weder die Firmenschilder noch das Aussehen der Industriebauten lassen darauf hoffen. Schade.

Frustriert durch das monströse Einerlei des Industriegebietes suche ich die Niewstraat. Sie hat eine bewegte Geschichte. Als Napoleon hier herrschte, war sie als *,Pavé d' Aix La Chapelle'* Teilstück der Verbindung nach Aachen. Anfang des letzten Jahrhunderts wurde sie von Schmugglern genutzt. Nach dem Zweiten Weltkrieg wurde hier eine Sperre mit dreißig Zentimeter hohen Leiconblöcken errichtet. In Europa war eine derartig befestigte Grenze damals einzigartig. Im Gegensatz zur später errichteten Berliner Mauer blieb sie allerdings nur bis 1968 bestehen. Sie ist auf der einen Seite Deutsch und heißt dort ,Neustraße'. So etwas gibt es nur noch einmal weiter nördlich in Dinxperlo/Suderwijk. Die Verkehrsschilder sind niederländisch, weil billiger. Zum Ausgleich sind die Wartehäuschen der Buslinie deutsch. Am Ende der Straße wurde das EURODE-Business-Center direkt auf die Grenze gebaut. Ich biege links ab und folge der Strecke nach Herzogenrath. Sie ist ein Bikeralbtraum. Auto an Auto schiebt sich durch dieses Nadelöhr. Es gibt keine Radspur und keinen vernünftiger Seitenstreifen! Weil mir mein einzig verfügbares Leben lieb ist, laufe ich auf der Gegenseite, die wenigstens zwei Fahrspuren hat. Dadurch ziehe ich mir den Zorn einiger Autofahrer zu, deren Privatstraße ich durch meine Anwesenheit entweihe.

Die Siedlungen Kerkrade und Herzogenrath sind 1816 auseinandergerissen worden. Zuvor hatten sie eine gemeinsame Geschichte. Die begann vor tausend Jahren. Damals entstanden an der Wurm eine Pfarrkirche, ein Kloster und eine Burg. Als im Aachener Vertrag die endgültige Grenze zu Preußen festgelegt wurde, ging Kerkrade an das Königreich der Niederlande. Derselbe Dialekt, dieselbe Kultur und viele familiäre Beziehungen bilden aber auch nach fast zweihundert Jahren Trennung eine Klammer. Seit dem 1.Januar 1998 haben sie sich zur ersten europäischen Stadt *,Eurode'* zusammengeschlossen. Die ist zwar im streng juristischen Sinn nur eine öffentlich-rechtliche Körperschaft, doch beide Städte tun ihr Bestes, wenigstens das Mögliche umzusetzen. Oft sind dabei nationale Vorschriften ein Klotz am Bein und stehen einer direkten Rechtswirkung der Beschlüsse des gemeinsamen Rats entgegen. Mit viel Phantasie wird dem jedoch entgegengewirkt.

Mitten auf einer stark befahrenen Kreuzung hat die Stadt Herzogenrath der örtlichen Robin-Hood-Legende ein Denkmal gesetzt. Am Ende einer schmalen Säule sitzt ein Reiter auf einem Bock. Dem Mythos nach ritten die *Bokkenrijder* rücklings auf Böcken durch die Lüfte in den Sonnenuntergang. Im 18. Jahrhundert war niemand, bei dem es etwas zu holen gab, vor den ‚schwarzen Gesellen' sicher. Hauptsächlich Pfarrhäuser und abgelegene reiche Bauern durften ihren ungebetenen Besuch erwarten. Die Beute wurde nicht nur unter den Bandenmitgliedern aufgeteilt, auch arme Bewohner bekamen etwas ab – so will es jedenfalls die Legende. Die Räuber wurden als einheitliche Bande wahrgenommen. Das waren sie aber nicht. Viele Verarmte und Heimatlose schlossen sich damals zu raubenden und auch mordenden Banden zusammen, um zu überleben. Kriege, Heeresdurchmärsche und Einquartierungen hatten die Gegend arm gemacht. Den Hunger haben wir bis heute nicht besiegt. Daher haben – um nur ein Beispiel zu nennen - Somalias verarmte Fischer auf Seeräuberei umgeschult. Westliche Kriegsflotten müssen seitdem die Handelsschiffart am Horn von Afrika schützen. Die Ursachen beseitigt das nicht. Im September 2000 kamen die Staats- und Regierungschefs von 189 Ländern zu dem bis dahin größten Gipfeltreffen der Vereinten Nationen in New York zusammen. Als Ergebnis des Treffens verabschiedeten sie die so genannte Millenniumserklärung der UN. Nachhaltige Entwicklung und Armutsbekämpfung erklärte sie zu wichtigen Zielen. Zehn Jahre später ist das Ergebnis dürftig. Auch, weil zwischenzeitlich viel Geld dafür ausgegeben werden musste, das Desaster in den Griff zu bekommen, das gierige Finanzhaie weltweit angerichtet haben.

Zurück zu den braven Bürgern von Herzogenrath. Sie haben bis heute eine besondere Beziehung zu den ‚Bockreitern'. Dies zeigt nicht nur das Denkmal, vor dem ich gerade stehe. Sie haben auch eine Karnevalsgesellschaft, die sich ‚De Bockrijjer' nennt. Sogar ein Campingclub nennt sich ‚Die Bockreiter'. Fehlen nur noch Kaffeetassen und Fähnchen. Ich vermute, dass es die auch gibt.

Wurmrevier
"Sie haben Courage, Mevrouw Englerth!"

Ich bin bis auf die Knochen müde und versuche, einen Schlafplatz zu finden. Die Möglichkeiten sind beschränkt. Abraumhalden dominieren die Landschaft südwestlich von Alsdorf. Die Tafelberge sind zum Wahrzeichen der Bergbautradition im Aachener Nordkreis und im Südlimburger Revier geworden. Ich freue mich auf ein Biwak in diesen Alpen für Arme. Als ich jedoch die größte Halde endlich erreiche, erwartet mich das Schild *„Betreten nur für Befugte."* Ich übernachte auf einer nahen Wiese, kann aber der Versuchung nicht widerstehen, zu tun, was offensichtlich alle tun: das Schild zu ignorieren. Der Panoramablick ist atemberaubend und reicht bis zum Rheinischen Braunkohlenrevier. Deutlich hebt sich die Sophienhöhe vom Horizont ab. Noch so ein selbstgebastelter Berg. Dahinter arbeitet sich die Rauchsäule des Kraftwerks Frimmersdorf gen Himmel, den beeindruckende Wolkenformationen wie ein Gemälde von Turner aussehen lassen.

Unter mir steht noch der einsame Förderturm des Eduardschachtes der Grube Anna. Hier kam es am 21. Oktober 1930 zum schwersten Unglück im Aachener Revier. Morgens um 7 Uhr 29, die Frühschicht war gerade eingefahren, zerriss eine gewaltige Explosion die Stille über der Stadt. Aus dem Eduardschacht schoss eine Feuersäule, das stählerne Fördergerüst stürzte ein. Auch die Schachthalle und umliegende Zechengebäude wurden verwüstet. Selbst in der nahegelegenen Bergarbeitersiedlung Wilhelmschacht wurden Wohngebäude beschädigt.

Das Unglück kostete fast dreihundert Bergleuten das Leben. Ebenso viele Bergleute trugen schwere Verletzungen davon. Die Ursache wurde nie vollständig geklärt. Heute geht man von einer Grubengasexplosion aus. Die Zahl der Helfer bei den Rettungsarbeiten war groß. Selbst aus dem Ausland kam Unterstützung für die Stadt und die betroffenen Nachbargemeinden. Vier Tage nach der Katastrophe wurden die Opfer zu Grabe getragen. Fast hundertfünfzigtausend Menschen erwiesen den toten Bergleuten die letzte Ehre. Im ganzen Land wurden die Flaggen auf Halbmast gezogen. Der Kapitalismus hielt den Atem an. Die Berliner Börse unterbrach am Tag der Trauerfeier für fünf Minuten die Geschäfte.

Die zweite Katastrophe überstand die Grube weitaus besser: den Zweiten Weltkrieg. Die beherzten Bergleute verweigerten den Befehl, die Grube zu zerstören, bevor sie von den Alliierten übernommen werden konnte.

Die dritte Katastrophe überlebte die Grube nicht: die Kohlekrise. Das Zechensterben begann im Ruhrgebiet vor fünfzig Jahren. Die deutsche Steinkohle wurde im Vergleich zur ausländischen Konkurrenz finanziell immer uninteressanter. Während anderswo in Oberflächennähe abgebaut werden konnte, mussten die deutschen Kumpels mit dem Förderkorb auf tausend Meter runter. Wo heute noch gefördert wird, sind sie bereits auf zweitausend Meter angekommen. Deshalb wird in acht Jahren überall Schicht am Schacht sein. Im Wurmrevier war schon früher Schluss. Silvester 1983 wurde auf Anna die gesamte Förderung eingestellt. Die Schächte dienten ab diesem Tage nur noch der Seilfahrt für die Bergleute. Nachdem auch die Grube Emil-Mayrisch Ende 1992 die Förderung einstellte, gingen im Wurmrevier die letzten Lichter aus.

Die Grube Anna gehörte - wie die meisten hier - zum Eschweiler Bergwerksverein. Der wurde von Christine Englerth gegründet. Die zierliche Frau mit den wachen dunklen Augen war die Heldin des Aachener Reviers. Mit dem Mut der Verzweiflung übernahm sie nach dem Tod ihres Mannes die Leitung des Bergwerks. 1814 waren Frauen in Topmanagement-Positionen noch viel ungewöhnlicher als heute. Sie war geschäftstüchtig und umsichtig. Als sie abtrat, hatte sie viele kleine Gruben zu einem *Big Player* vereint.

Jahrhundertlang war der Abbau durch viele unrentable Einzelbetriebe geprägt. Seit der Besetzung durch die Franzosen galt französisches Recht. Danach durfte jedermann Bergwerke kaufen und verkaufen. Das war der Startschuss fürs freie Unternehmertum. Auch Frau Englert baute nicht nur die *„Kullen"* ihres verstorbenen Mannes aus, sondern kaufte andere Gruben hinzu. *"Sie haben Courage, Mevrouw Englerth!"* meinte der Eschweiler Notar Kaspar Friedrich Voßen, bei dem sie im August 1834 mit ihren zehn Kindern erschienen war, um jenen Vertrag abzuschließen, der nach ihrem Tod den Eschweiler Bergwerks-Verein als erste deutsche Bergbau-Aktiengesellschaft ins Leben rufen sollte. Damit wollte sie ihr Lebenswerk erhalten. Ihre Erben sollten ihr kleines Bergwerksimperium nicht zersplittern, sondern Anteile am großen Ganzen erhalten. Vier Jahre später starb sie.

Im Gegensatz zum grandiosen Abendhimmel am Vortag beginnt der neue Tag grau mit tristem Nieselregen. Ich packe eilig und rolle ungefrühstückt zum Wurmtal hinunter. In Busch fahre ich an der ehemaligen Bergarbeitersiedlung vorbei. Zwei ältere Frauen unterhalten sich lautstark. Beide stehen in den gegenüberliegenden Hauseingängen ihrer Reihenhäuser: Dorfleben vor dem Hintergrund einer Abraumhalde. Vor Merkstein führt der Radweg an einem Neubaugebiet vorbei, das nicht von ausgewählter Lieblichkeit ist. Klötze von der Größe mehrerer Einfamilienhäuser reihen sich in steriler Monotonie aneinander. Wer wohnt in solchen Burgen? Ich kenne niemanden. Wer putzt sie? Was machen die Besitzer, wenn die Kinder aus dem Haus sind? Alleine von den monatlichen Heizkosten könnte ich leben. Mir ist nach einer Zigarette, so sehr wühlt mich dieses Desaster auf. Ich reiße einen neuen Tabakbeutel auf und rolle mir eine. Bereits nach dem ersten Zug wird mir schlecht. Es ist einfach noch zu früh. Das verantwortliche Organ lässt sich leicht lokalisieren. Es ist der Magen. Ebenso leicht fällt die Therapie. Ich werfe die Zigarette weg und packe Brotbeutel und Aluminiumbüchse aus. Leckerer junger Gauda mit frischem Vollkornbrot beendet mein Martyrium. Zuweilen siegt auch bei mir die Vernunft.

Gesättigt und mit der Welt wieder halbwegs versöhnt, erreiche ich die Wurm bei Hofstad. Eine Steinbrücke führt über den Bach, dem sie hier ein Steinkorsett spendiert haben, damit er sich nicht allzu lange im Dorf aufhält. Das ist schade für ihn, weil der Ort zeigt, um wie vieles sinnvoller man Bruchsteine über Wasser verwenden kann. Auf der Radkarte der Kreise Limburg/Heinsberg, die vor der Brücke aufgestellt ist, muss ich sehr genau hinsehen, um die Grenze zu erkennen. Ich folge der ‚Tweelanderoute', die mich nach Übach-Pallenberg bringt. In der Taverner Heide fahre ich an einem Waldgebiet vorbei. Ein freundlicher Vertreter der Landesforstverwaltung entdeckt seine fürsorgliche Seite, aber ich habe mich nicht verirrt. Er hat mich lediglich beim Versuch ertappt, seinen Wald zweckzuentfremden. Übel nimmt er mir das nicht, hat aber auch keine Zeit für ein Schwätzchen. Was ich vorhabe findet er gut, mehr kann ich nicht erwarten. Also schaue ich, dass ich weiterkomme. Seinem Wald muß ich dabei nicht mehr nähertreten, denn die Route führt am Waldrand entlang. Nach kurzer Zeit taucht ein natodrahtbewehrter Zaun auf. Ein bisschen viel Natodraht in letzter Zeit. Über den Schinveldse Bos führt die Anflugroute der AWACS, einer

Militärversion der Boing 707 mit einem Ufo über dem Heck. Darin versteckt es seinen Radar. Hinter dem Zaun wird Karls christliches Abendland verteidigt. Aus Sicherheitsgründen wurde vor wenigen Monaten eine Schneise von sechs Hektar in den Wald geschlagen. Heftige Anwohnerproteste beidseits der Grenze konnten das nicht verhindern. Die Militärs fordern noch mehr freie Sicht. Zum Wohle ihrer Piloten. Wenn das so weitergeht, haben die Anwohner bald freie Sicht auf den Flugplatz. Die aufheulenden Triebwerke sind bereits heute im ganzen Tal zu hören. Auf Deo können die Talbewohner verzichten, so intensiv riecht es nach Kerosin. Kaum zu erwarten, dass die Taverner Heide in absehbarer Zeit Luftkurort wird. Die Maschinen fliegen mit veralteten Triebwerken. In ihrer zivilen Version wären sie längst gegroundet. Eine Geilenkirchener Bürgerinitiative wehrt sich seit Jahren gegen den Lärm und Gestank.

Vor Teveren verliere ich den Radweg. Vielleicht hat er sich in dem unspektakulären Ort versteckt? Eine freundliche ältere Dame steht in ihrem Vorgarten und behandelt Wildkräuter, die sich dort angesiedelt haben, sehr unfreundlich. Während sie routiniert Pflanzen aus dem Erdreich holt und in den rosa Plastikkorb wirft, bringt sie nebenbei auch mich auf den rechten Weg. Multitasking in Reinkultur. Allerdings leidet die Verständlichkeit darunter. Entgegen aller Wahrscheinlichkeit finde ich wenigstens die Bundesstraße. Hinter Teveren liegt das Militärgelände vor mir im Tal wie auf einem Präsentierteller. Ob es wirklich klug ist, die ganze Gegend abzuholzen? Neben mir parkt ein Polofahrer. Mit dem Fernglas beobachtet er die startenden Maschinen. Dieses *Plane Watching* erfreut sich seit *Nine/Eleven* nicht mehr uneingeschränkter Beliebtheit – vor allem unter Piloten und Passagieren. Ich warte den Start einer Maschine ab und fahre dann weiter in den noch stark mittelalterlich geprägten Ort Gangelt hinunter. Hinter Gangelt wundere ich mich über den Elektrozaun, der den Rhodebach eingrenzt.

Hier wurde der Grenzbach renaturiert. Dahinter beginnt der Landschaftspark Rodebach, jenseits der Grenze *Roode Beek* genannt. Heute übererfüllt das Feuchtgebiet sein Plansoll. Ein besonders feiner, fieser Nieselregen verbrüdert sich mit der Bodenfeuchtigkeit. *Der Hund der Baskervilles* lässt grüßen. Dennoch zieht es mich in das Sumpfgelände. Auf der mittelalterlichen Schanzburg weiden Hochlandrinder im Dienst der Landschaftspflege. Ich nähere mich respektvoll - über die Furtsteine balancierend, die mächtigen Tiere immer fest im Blick. Die ignorieren mich weitgehend. Selten streift mich der träge Blick eines weidenden Kraftpackets - und starrt mich an, wie eine gemütskranke Robbe. Für den Rest bin ich Luft. So ganz traue ich dem Frieden nicht. Wenn die Fleischberge schlechte Laune haben, können sie durchaus unangenehm werden. Zu besichtigen jedes Jahr in Pamplona. Was dabei herauskommt, ist nicht fürs Kaffeekränzchen am Spätnachmittag geeignet. Im Grunde ihres Wesens sind sie jedoch gutmütige Pflanzenfresser.

Maastal
„Von der Maas bis ...."

Das Desaster begann mit einem reichlich naiven Professor, den die Preußen in die Wüste geschickt haben, weil er ihnen zu freiheitlich daherkam. Als August Heinrich Hoffmann von Fallersleben am 26. August 1841 auf der damals britischen Hochseeinsel Helgoland saß und sein Deutschlandlied vollendete, versuchte er die Quadratur des Kreises. Er wollte die Vision einer deutschen Nation beschreiben. Alle drumherum hatten eine, nur die Deutschen nicht. Gemein. Nur: Wo sollte er sie verorten? Die deutsche Sprachgrenze war nicht deutlich umrissen. An der Memel sprachen einige Deutsch, auch an der Etsch in Südtirol. Schwups wurden sie Deutsche von Fallerslebens Graden. Hier im Westen nahm sich der Dichter die Maas als Grenze. Das Herzogtum Limburg gehörte damals zwar zum Deutschen Bund - allerdings als niederländische Provinz! Fallerslebens Suche nach Grenzflüssen war – vorsichtig gesagt – eigenwillig.

Der Sozi Friedrich Ebert hat das Deutschlandlied zur Nationalhymne der jungen Weimarer Republik erklärt – mitsamt der ersten Strophe. Damit konnte Adolf Nazi später gut leben: „*Deutschland, Deutschland über alles, über alles in der Welt ...von der Maas bis an die Memel ...*" Seine willigen Vollstrecker in der Wehrmacht auch. Weniger der einfache Soldat, dessen Leben im Eroberungsfeldzug durch Europa nichts zählte.

Durch die Agrarwüste vor mir kehrte der Tod heim ins Reich. Über die Anhöhe bei Jabeck verfolgten alliierte Truppen die fliehenden deutschen Landser. Tag und Nacht hämmerte das Geschützfeuer, während die Panzer zwischen zerfetzten Körpern der Reichsgrenze entgegendröhnten. Bereits hinter den Baumreihen am Rodebach lag der Westzipfel des Zwölfjährigen Reichs. Am 12. Oktober 1944 betraten die ersten alliierten Soldaten dort im Selfkant deutschen Boden. Hitler verbot seinen Soldaten die Kapitulation. „*Wer mir von Frieden ohne Sieg spricht, der verliert den Kopf ...*" hatte er unmittelbar nach der Hinrichtung von Oberst Graf Stauffenberg im Lagezimmer des Führerhauptquartiers gebrüllt. Deserteure - und was die SS dafür hielt - wurden erschossen oder am nächstbesten Baum aufgehängt. Mit Hurra ging niemand mehr in den Tod.

Hier im Selfkant kam die Front monatelang zum Erliegen. Stellungskrieg. Tausende starben für wenige Meter. Auf beiden Seiten. Verdun reloaded. Die Briten evakuierten die Bevölkerung und steckten sie in ein Camp jenseits der Grenze. Selbst die Kühe nahmen sie mit. Die Schlacht wurde erbittert geführt.

Das letzte Aufgebot der Wehrmacht verschanzte sich später in den dunklen Wäldern und engen Tälern der Nordeifel. Zweieinhalb Wochen nachdem die ersten alliierten Truppen hier im Westen deutschen Boden betraten, begann die Hölle im Hürtgenwald. Die Allerseelenschlacht dauerte fast vier Monate. Sterben wurde hier zum industriellen Prozess. Es flogen mehr Leichensäcke über den Teich, als im gesamten Vietnamkrieg. Hemingway war als Kriegsberichterstatter dabei und schrieb später den kaum bekannten Roman *,Über den Fluss und in die Wälder'*.

Wenige Kilometer hinter der Grenze liegt Sittard. Eine Schönheit, die ihren mittelalterlichen Stadtkern hinter einem Wall von Autobahnen, Industrieanlagen und einer Ringstraße um den historischen Stadtkern verbirgt. Ist das der Preis wirtschaftlichen Erfolges? Die Gegend ist eine der wichtigsten Industriezentren im Land des *Goudse kaas*. Grün ist hier selten. Dafür steht das größte Chemiewerk der Region vor den Toren der Stadt. Das südländische Flair der Straßencafês am Markt kann ich nicht wirklich genießen. Kaum habe ich den Platz betreten, fängt es an zu regnen. Die Altstadt ist auf die Raubzüge der Grenznachbarn eingestellt. Heute, wohl wegen der Kirmes, sind viele Familien unterwegs. Schon nach kurzer Zeit verlasse ich dieses Gewusel und Geschiebe über eine Seitenstraße. Sie ist menschenleer, von der Geschäftswelt noch nicht entdeckt. Am Ende einer engen Gasse stehe ich vor St. Petrusen. Seit Aachen habe ich keine Kirche mehr von innen gesehen. Die freundliche Aufsicht komplimentiert mich allerdings nach kurzer Zeit wieder zum Ausgang. Er will schließen. Der alte Mann teilt mir das auf Englisch mit. Zufall ist das wohl kaum. Ich schiebe mich zurück auf der Ringstraße. Die schottet die Altstadt entlang der ehemaligen Stadtwälle beinahe hermetisch von der traurigen Wirklichkeit in den Außenbezirken ab. Nur Richtung deutscher Grenze und am Kollenberg – de *meest bekende heuvel van Sittard* - ist es etwas grün. Nicht mehr lange allerdings. Die ,Grüne Lunge' nordöstlich der Innenstadt ist begehrtes Bauland. *„Natuurlijk Wonen, Heerlijk Leven"* verspricht der

Prospekt des *Villapark 't Hof Kollenberg*. Wohnen, wo andere einen Rest Natur suchen.

Über die Tüddernstraat fahre ich rüber ins deutsche Tüddern. Wohin auch sonst? Auf ihr rückten die Niederländer in den Selfkant/*Zelfkant* ein. Die Exilregierung hatte bereits 1944 deutsche Gebiete eingefordert – als Entschädigung für den Überfall. Fünf Jahre später waren sie am Ziel. Die ‚Taille Limburgs' bekam ein Fettpolster. Hier waren die Niederlande nur wenige Kilometer breit – ein Nadelöhr, das den Strategen schlaflose Nächte bereitete. Im Süden lagen schließlich keine Sumpfgebiete sondern die einzigen Zechen des Landes. Wie im Ruhrgebiet hatte sich in deren Nähe die kriegsentscheidende Montanindustrie angesiedelt. Nichts, worauf man ungestraft verzichten konnte.

Der Einmarsch nach Tüddern dauerte eine Viertelstunde (ich brauche mit dem Rad etwas länger). Die Selfkanter bekamen danach den staatsbürgerlichen Sonderstatus *„Wird als Niederländer behandelt"* in den neuen Pass gestempelt. So richtig unglücklich machte sie das nicht. Adenauer schon. Der wollte sich mit der Situation nicht abfinden. Er schickte seinen Außenminister Brentano nach Den Haag. Nicht einmal, nicht zweimal - ein Adenauer lässt nicht locker. Vierzehn Jahre später waren die Niederländer weichgekocht - und hatten das Nachkriegsdeutschland als Absatzmarkt entdeckt, mit dessen politischem Spitzenpersonal man es sich nicht verscherzen sollte. Unter der Ladentheke wurden noch einige Packen bedruckter Scheine durchgereicht. Das ist aber nie offiziell eingestanden worden. Am 1. August 1963 gaben die Niederländer den Selfkant zurück.

Nicht nur Adenauer jubelte. Es war die Stunde der Spekulanten. Sie hatten im Vorfeld Lagerräume und Lastkraftwagen angemietet. Die standen in Dreierreihen auf den Straßen, gut gefüllt mit billigem Röstkaffee. Damals hat sich mancher gesundgestoßen. Viel Grips brauchte es dazu nicht. Das Geschäftsmodell war einfach: Die Grenze ging über die Ware. Aus billigem niederländischem Kaffee wurde eine Nanosekunde nach Mitternacht Dope für Kaffeekränzchen. Schmuggel über finstere Waldwege und unwegsame Sümpfe war gestern. Ein weiterer Vorteil des Geschäftsmodells: Der deutsche Zoll ärgerte sich dumm und dämlich.

Wer auch immer von dieser Aktion im Selfkant profitiert hat – in Tüddern sind die Millionäre rar. Die zweitausend Einwohner leben in einem beschaulichen Ort, der vom Mittelstand geprägt ist. Das Dorf gehört zur westlichsten Gemeinde Deutschlands. Wer spektakuläre Grenzen sehen will, muß allerdings weiter reisen. Zum wellenumtobten Leuchtturm von Orchilla auf El Hierro, wo Europa im Westen endet. Die westlichste Grenze Deutschlands ist weit weniger spektakulär. Der Grenzstein Nummer 310 steht mitten in einer öden Agrarlandschaft hinter einem Provinznest, dessen herausragendste Eigenschaft Entschleunigung ist. Es ist Spätnachmittag. Die Bürgersteige aalen sich unbenutzt in der Sonne. Sie umschlingen eine winzige Kapelle aus Mergelstein. Nur im Wonnemonat Mai wird es hier lebhafter. Dann kommen die Selfkanter, um der Mutter Gottes zu huldigen. Ein Ereignis von nationaler Bedeutung ist dies allerdings nicht. Um irgendwie doch noch Aufmerksamkeit zu erregen, hat sich der Selfkant dem ,Zippfelbund' angeschlossen - ein PR-Gag der Tourismusmanager. Mit Oberstdorf im Süden, Görlitz im Osten und Sylt im Norden hat sich die Gemeinde touristische Schwergewichte ins Boot geholt. Vier deutsche Orte in geographischen Extremsituationen, die nichts gemeinsam haben außer einer ungewöhnlichen GPS-Koordinate.

So richtig wohl fühle ich mich hier nicht. Kein Fluss und auch kein Teich in der Nähe. Also trolle ich mich Richtung Maas. Hinter der Grenze steht ein Bunker aus dem letzten Weltkrieg. Der winzige Betonklotz sollte das riesige Heer des faschistischen Nachbarstaates aufhalten. Bewähren musste er sich nicht. Die Naziarmee rollte das Land vom südlichsten Zipfel her auf. Gleichauf mit dem Bunker sind Bodenschwellen angebracht. Sinnlich erfahrbare Geschichte? Wenn es holpert, denk an Adolf Nazi. Verkehrstechnisch machen sie jedenfalls wenig Sinn. Hinter der Grenze macht das abendliche Echt einen verschlafenen Eindruck, die Autobahn dahinter leider nicht.

Auf die lärmende Schlange folgt Roosteren. Weil die Maas hier nicht schiffbar ist, haben die fleißigen Niederländer ein paar Kilometer östlich des Flusses zwischen dem ersten und dem zweiten Weltkrieg einen Kanal gegraben. Zehn Jahre haben sie für die fünfunddreißig Kilometer zwischen Maastricht und Maasbracht gebraucht. Weiter östlich unter Stalin ging so was schneller. Dafür liegen unter dem Kanal auch nicht die Knochen hunderttausender Zwangsarbeiter. Das ist einer der Unterschiede zwischen konstitutioneller und stalinistischer Monarchie.

Roosteren liegt im nördlichsten Winkel von Südlimburg. Die Maas umfließt das Kirchendorf in einem so weiten Bogen, daß ich den Fluss lange suchen muss. Die Mühe hätte ich mir sparen können. Ein eingezäuntes Naturschutzgebiet riegelt ihn ab. Auf dem Maas-Radweg fahre ich zurück zum Julianakanal. Unterhalb des Deichs liegt, direkt am Maasradweg, ein Rastplatz mit schicken Kunststoffbänken. Auch hier können sie Downcycling. Noch nie war es mir so wertvoll.

Hinter einem zotteligen Fleischberg schleicht ein älterer Herr den Radweg entlang. Als er endlich außer Sichtweite ist, baue ich mein Biwak auf. Das wird in den Niederlanden nicht gern gesehen. Keine Sekunde zu spät. Schwere Wolken verdunkeln die Landschaft. Es fängt an zu regnen. Ein nadelfeiner Landregen trübt die Gegend ein. Ich krieche auf allen Vieren den regennassen Damm hoch und sitze bei einer Zigarette am Kanal. Dunkel wird es hier nie. Damit das Kanalwasser die Maas auch nachts wiederfindet, haben die findigen Niederländer Laternen ans Ufer gestellt. In meinem Land schalten manche Bürgermeister nachts die Straßenbeleuchtung ab. Offensichtlich geht es den Niederländern blendend.

Roosteren hat sich am nächsten Morgen noch nicht den Schlaf aus den Augen gerieben. Winzige Backsteinhäuser reihen sich an leergefegten Straßen auf, die irgendwann alle zur romanischen Kirche führen. Diese Zentralität hat Methode. Kirchen waren im Mittelalter Mehrzweckgebäude, Zentren des Gemeinschaftslebens. In ganz Mitteleuropa war das so. Sie waren sozialer Treffpunkt, Versammlungsraum, Kultort, Festung (Wehrkirchen), Gasthaus, Warenspeicher und sogar Hurenhaus. So schreibt Christopher Brooke in seinem Standardwerk zur Kathedrale in der mittelalterlichen Gesellschaft: *„In der Kathedrale von Chartres, die die heiligste Reliquie der Muttergottes bewahrte und größere Innbrunst als irgendeine andere Kirche erweckte, hatten die Weinhändler ihre Buden im Schiff und gaben ihren Platz erst auf, als das Kapitel einen Teil der Krypta für sie allein reservierte.“* Nun ist die Kirche von Roosteren weit davon entfernt, eine Kathedrale zu sein. Möglich wäre aber schon, dass auch sie mehr als ein Kultort war.

Kein Baum, kein Strauch stört die Eintönigkeit. Ich muss hier so schnell wie möglich raus, ehe ich im Fahren wieder einschlafe. Vor Susteren legt sich ein Motorradfahrer beinahe vor meine Füße, wäre da nicht der schmale Grasstreifen zwischen uns. Radwege sind eine feine Sache. Seine Kollegen sammeln ihn ein. Da sie mich dazu nicht brauchen, ziehe ich weiter. Die Nationalstraße ist bis kurz vor Echt gesperrt. Ich genieße die Abwesenheit der Geräuschkloake, verlasse den Radweg und fahre auf dem Mittelstreifen weiter. Ein seltenes Vergnügen. Daran könnte ich mich gewöhnen. Born to be wild. Die ungewöhnlich breite Straße zum Zentrum von Echt wird zur Endlosschleife eines saumäßig schlecht gemachten Computerspiels. Alt- und Neubauten wechseln sich ab. Die Neubauten haben Balkone - der Klimawandel lässt grüßen. Die Fußgängerzone ist an diesem frühen Morgen noch etwas verschlafen. Ein breitschultriger Goldkettchentyp läuft vor mir her und plappert in rheinischem Singsang unermüdlich auf seine Begleiterin ein, die an diesem frühen Sommermorgen einen Pelz trägt, der früher eine stattliche Anzahl Mitgeschöpfe warm gehalten hat. Im Gesicht halten sie allerlei Tinkturen aus den Chemielaboren von Douglas und Co warm. Eigentlich passen sie eher woandershin.

Auf dem Supermarktparkplatz am Ende der Fußgängerzone rauscht eine blonde Batikorgie an mir vorbei. Wehe dem, der ihren Weg kreuzt. Gefangene macht sie sicher nicht. Die Tochter ist ihr ebenbürtig, der Sohn schlurft dem Stoßtrupp missmutig hinterher. Erinnert mich dunkel an Erlebtes. Ich verlasse den Parkplatz noch vor Beginn der Massenflucht.

Hinter Echt fahre ich über eine Eichenallee (Restbestände Limburger Eichenwälder?) der deutschen Grenze entgegen. Hier beginnt der Naturpark Maas-Schwalm-Nette, auch *Grenspark* genannt. Er reicht bis Venlo im Norden und endet im Osten erst in Sichtweite von Viersen und Mönchengladbach. Links der Strasse liegt der kleine Ort Maria Help. Hier stand schon zur Zeit der Missionierung durch Willibrord ein Kloster. Im Gegensatz zu den Normannen, die es im neunten Jahrhundert verwüsteten, finde ich es nicht. Am Ortsausgang begegne ich einem Rentner, der auf einem Rasenmähertraktor dem bisschen Grün vor seinem Haus keine Ruhe gönnt. *„Männer und ihr Spielzeug"* blitzt es mir durch den Kopf. Das bisschen Rasen könnte er mühelos mit der

Nagelschere kurz halten. Wie gefährlich doch Testosteron ist. Selbst die altersbedingt schwachen Reste treiben ihn noch zu großen Gesten an. Der Alte Mann und sein Rasen – ein Kampf auf Leben und Tod. Direkt an der Grenze, hinter der Bauernschaft Echterbosch, führt die Landstraße am *Annendaalse Hoeve* vorbei. Der Hof aus dem Jahr 1580 ist restauriert. Auf dem Gelände liegt ein *Naturkamperterrein*. Wer hier seine Nomadenhütte aufstellen will, braucht eine *naturkamperkart*, die hier allerdings *verkriegbar* ist. So teilt es die Infotafel bereitwillig mit. Wenige Meter später überquere ich die Nationalstraße 274, die hier parallel zur Grenze verläuft. Die Niederländer haben die Nationalstrasse angelegt, nachdem sie den Selfkant annektiert hatten. Sie sollte die Städte Roermond und Heerlen verbinden. Die Straße verblieb auch nach der Rückgabe des Selfkant bei den Niederlanden. Erst 2002 wurde sie zurückgegeben. Die Wunden des Überfalls vernarben nur langsam.

In Waldfeucht gedenkt die örtliche Sparkasse Carl Carstens. Seine Christenpartei kommt hier regelmäßig auf bayerische Ergebnisse. Immerhin haben die Sozialdemokraten noch doppelt so viele Sitze wie die Grünen. Das wird Jahre später nicht mehr selbstverständlich sen. Carstens war am 8.Januar 1983 hier, teilt die Gedenktafel an dem neuen Klinkergebäude am Marktplatz mit. Der ehemalige Bundespräsident gehörte seit 1933 der paramilitärischen Schlägertruppe SA (Sturmabteilung) an, die nach der Machtergreifung Hitlers kurzzeitig als polizeiliche Hilfstruppe fungierte, nach dem Röhm-Putsch an Bedeutung verlor, aber erst nach der Kapitulation von den Alliierten aufgelöst wurde Das bestritt er meines Wissens nie. Dennoch bestand er zeitlebens darauf, sein Landgerichtspräsident habe ihn während des Referendariats zum NSDAP-Beitritt gezwungen. War es nicht schlimmer, der Schlägertruppe der Partei anzugehören, als Mitläufer in einer Partei zu sein, die über Karrieren entschied? Fakt ist, dass er – wenn es denn so war - dem Druck nachgab. Oder die Quellen sind gefälscht. Bereits sieben Jahre nach dem Untergang des ‚Tausendjährigen Reichs' habilitierte der wendige Karrierejurist über den *„Grundgedanken der amerikanischen Verfassung und ihre Verwirklichung"*. Fortan profilierte er sich als großen Europäer. Dafür hat der ‚Wanderpräsident' sogar den Karlspreis bekommen. So richtig erfreulich ist weder dies noch die Waldfeuchter Gedenkkultur. Der Parkplatz hinter dem Marktplatz erinnert an Dr. Hubert Kitschen.

Der war hier ab 1928 Bürgermeister. Er war es allerdings noch, als die Amerikaner kamen. Ohne Parteibuch war das kaum möglich. Tiefschwarz, leicht ins Braune changierend, denke ich, dass man hier denkt. Und das direkt an der niederländischen Grenze. Ich hoffe, mich zu irren.

Die Pizzeria am Marktplatz hat am frühen Nachmittag noch nicht geöffnet. Ein Kellner lärmt geschäftig vor sich hin, rückt Stühle grade und hantiert mit Geschirr. Ein Konzert zwischen silberhellem Klackern und dumpfem Schaben. Ansonsten liegt über dem Ort eine träge Samstagnachmittagstimmung. Was zu tun war, ist getan. Nun steht das Wochenende vor der Tür. Chillen auf gutbürgerlich ist angesagt. In spätestens zwei Stunden werden die Bürgersteige hochgeklappt. Selbst der Durchgangsverkehr hat eine Pause eingelegt.

Plötzlich erscheint eine Gruppe Jugendlicher auf der Bühne. Bald gehört der Platz ihnen. Sie lümmeln sich in die Korbstühle der Pizzeria. Ehe die ersten Gäste kommen gehört das Terrain ihnen. Der Kellner kennt das wohl und ergibt sich in sein Schicksal. Schleckereistee und eine Megatüte Chips werden herumgereicht. Ihr testosterongeplagter Balztanz um das einzige Mädchen röhrt zu mir hinüber und vertreibt mich schließlich. Ich mache einen Rundgang entlang des mittelalterlichen Walls, der von Hecken begrenzt wird.

Der Flecken war über Jahrhunderte sehr begehrt. Geldern, Burgund, Brabant und Heinsberg führten Kriege um ihn. Hier kreuzten sich die Römerstraße von Heerlen nach Xanten und der mittelalterliche Weg von Heinsberg ins Maasland. Der Marktflecken weckte Begehrlichkeiten, denn das Umland ist fruchtbar. Die Bronzeskulptur *„De Vöchter Schörskaarsschönger"* erinnert daran. Mit Graben und Wall schützten sich die Bewohner.

Ich flüchte vor dem Getöse des inoffiziellen Jugendclubs und fahre zum Kitscher Bruch. Dort liegt das Dörfchen Brüggelchen. Hier sind die Wägelchen leider genau so schnell, rücksichtslos und stinkend wie andernorts. Schade. Auch das Nachbardorf ist eine Enttäuschung. Es ist seit dem zweiten Weltkrieg auf die doppelte Größe gewachsen. Wachstum kommt nicht immer gut. Der Mensch muss wachsen. Das liegt in der Natur der Sache. Nach der Pubertät hört das aber auf. Siedlungen haben leider keine Pubertät. Neubaugebiete bestimmen auch heute noch das Ortsbild von Haaren. Zugegeben: An den Mittelmeerküsten sieht es schlimmer aus. Dennoch wäre es auch hier nicht unintelligent, Schluss mit der Zersiedlung zu machen. Oder wollen wir uns irgendwann von Beton ernähren? Die Fernsehköche sind noch nicht so weit, den letzten Fisch in Beton- statt Salzkruste zu backen.

Entstanden ist die Siedlung aus einer Klause. Vor hunderten von Jahren soll hier ein Einsiedler gelebt haben. An diesem Sommertag ist *,De Klus'* weit davon entfernt, ein einsamer Ort zu sein. Das gleichnamige Bistro platzt aus allen Nähten. Mitten im Rädermeer steht sogar ein Planwagen. Auf der Terrasse vor dem umgebauten Bauernhof ist nicht ein Stuhl mehr frei. Das dürfte sich eine halbe Stunde später geändert haben. Vor Posterholt fängt es an, in Strömen zu regnen. Die Landschaft verschwindet hinter einem Wasserfall. Während ich bequem unter einem Baum sitze, zieht eine nicht enden wollende Radlergruppe an mir vorbei. Das Mistwetter scheint sie nicht zu beeindrucken. Allerdings schauen einige schon arg verkniffen unter ihren Regenkapuzen hervor. Gruppenzwang ist ganz schön blöd.

Nach einer weiteren halben Stunde treibt es auch mich wieder in den Sattel. In Posterholt macht die Nationalstraße einen Knick im steilen Winkel von neunzig Grad und führt direkt auf Roermond zu. Ich bleibe auf meinem Radweg. Der führt in das wie ausgestorben wirkende Dorf Posterholt. Als es endet, bin ich schon fast in Sint Odilienberg. Hier steht auf einer Anhöhe über der Rur eine Basilika, die das Ortsbild beherrscht. Hinter dem Ort verschwindet die Rur aus meinem Blick. Dafür tauchen die Schlote eines Heizkraftwerks auf. Sie bestimmen das Landschaftsbild. Die Betonspargel werden mit jeder Radlänge größer. Schließlich muss ich die beschauliche Landstraße verlassen. Einige Kilometer südlich von Roermond geht es nur an der Nationalstraße weiter. Die Straße ist Zubringer zur Autobahn und Hauptschlagader der Stadt. Auto an Auto lärmt an mir vorbei. Ich rechne mir kaum Chancen aus, die Straße noch vor der Rente zu überqueren und gebe schließlich auf. Damit ist die Übernachtung im Naherholungsgebiet ,Maasplassen' südlich von Roermond abgehackt. Stattdessen folge ich der Nationalstrasse, die direkt ins Zentrum führt.

Die Straße überquert kurz vor dem Stadtzentrum die Rur. Hier kommt der Fluss nach zweihundert Kilometern zum Ende. Für einen so kurzen

Wasserlauf besitzt die Rur eine erstaunliche Weltläufigkeit. An ihrer Quelle spricht man französisch, einen großen Teil ihres Weges legt sie im deutschen Sprachbereich zurück und im niederländisch-limburgischen endet sie.

International ist auch die Erdbebengefahr im Großraum zwischen Maas und Rhein. Am 13. April 1992 lag hier in achtzehn Kilometern Tiefe das Zentrum eines für mitteleuropäische Verhältnisse gewaltigen Erdbebens. Seit dem Dürener Beben von 1756 war es das stärkste in Mitteleuropa. Erdbeben sind hier so häufig wie in Japan. Gott sei dank ist es meist nur ein Geruckel, das lediglich die Seismographen mitbekommen. Die Beben entstehen, weil die afrikanische Kontinentalplatte vor Italien gegen die eurasische drückt. Das hat nicht nur Nachteile. Ohne diesen Umstand müssten die Flachlandbewohner auf ihr winterliches Skivergnügen in den Alpen verzichten, denn der gleiche Druck hat die Alpen aufgefaltet. Die stärksten Schäden des Bebens entstanden jedoch nicht in Roermond, sondern im deutschen Heinsberg. Im gesamten Rheinland sind über sechstausend Gebäude beschädigt worden. In den Wänden klafften Risse, sogar Decken stürzten ein. Dachziegel säumten die Straßen, einige Häuser mussten später abgerissen werden. Der Gesamtschaden beidseits der Grenze wurde auf dreihundert Millionen Deutschmark beziffert. Wie durch ein Wunder kam jedoch nur eine Frau dabei ums Leben – durch Herzversagen, ausgelöst durch den ‚Erdbebenschock'.

Die Stadtmitte von Roermond ist vom massiven Klangteppich einer missgestimmten Riesenorgel verschmutzt. Roermond ist keine Liebe auf den ersten Blick. Irgendwo habe ich gelesen, daß die Stadt: *„trotz ihrer wirtschaftlichen Bedeutung ... noch das Ortsbild einer typisch limburgschen Kleinstadt."* besitzt. Leider kenne ich die Lieblingsdroge des Autors nicht. So kann ich nur sehen, was ich nüchtern sehe. Und das gefällt mir nicht. Spanier, Österreicher, Franzosen und zuletzt die Deutschen überfielen die Stadt. Die heutigen Besucher sind unbewaffnet, haben deutsche Autokennzeichen und kommen mit prall gefüllten Brieftaschen. Trotz des schlechten Wetters ist die Innenstadt überlaufen. Leicht angenervt suche ich den Maas-Radweg. Das ist eine intuitiv kluge Entscheidung. Kurze Zeit später fängt es an, Bindfäden zu regnen. Je schneller ich aus der Stadt bin, desto schneller finde ich einen Zeltplatz. Ich aktiviere meine Reserven und sause durch den Regen. Der Radweg führt mich durch ein Industriegebiet. Ich habe mehrfach den Eindruck, in die falsche Richtung zu fahren. Wegen des durchdringenden Nieselregens bleibt nicht mal die Sonne als Orientierung.

Das Industriegebiet wird nach einer halben Ewigkeit durch ein Naturschutzgebiet abgelöst. Ich überhole eine Gruppe Wanderer, die sich vom Regen nicht abhalten lassen, ihren Seniorenausflug durchzuführen. Im Gegensatz zu mir ist die Gruppe gut drauf. In den Senken des unbefestigten Radweges haben sich kleine Teiche gebildet. Zum wiederholten Mal bin ich froh, mit robusten Hightech-Sandalen statt schnittiger Bikertreter unterwegs zu sein. Das Wasser läuft so schnell rein wie raus. Lediglich die Haut schrumpelt zusammen, als säße ich seit Stunden in der Badewanne.
Vor Asselt taucht der riesige Block des Heizkraftwerks auf. Meine Geduld ist erschöpft. An der Grenze zum Naturschutzgebiet baue ich mein Biwak auf. Ganz alleine bin ich hier nicht. Hinter einer Baumgruppe tauchen Hobbyfischer auf, defilieren im Gänsemarsch grußlos an mir vorbei und fahren ab. Damit kann ich leben. Später höre ich Motorbrummen, Schotter spritzt. Doch nach wenigen Minuten entfernt sich der Motorlärm wieder. Friedlich ist es danach, der Sonnenuntergang fototapetenreif. Nur ein halbstarker Solitärschwan jagt ein Pärchen über die Bucht.

Am nächsten Morgen, kaum habe mich aus dem nassen Biwak gewurschtelt, höre ich schon wieder Motorenlärm. Es ist noch deutlich vor acht. Herrgott, haben die Leute am Sonntagmorgen in dieser Gegend nichts Besseres zu tun, als Streuner zu belästigen? Es ist ein harmloser Angler. Er kommt den schmalen Uferpfad runter, setzt sich auf eine mitgebrachte Holzkiste und baut seine Angel auf. Die wird immer länger, sieben Meter mindestens, schätze ich. Wie der kleine Mann das Gewicht dieser antiken Angel hält, ist mir unklar. Er formt Ballen und wirft sie ins Wasser. Köder hängt er auch an den Hacken. Dazu muss er die Angel zurückholen, teilen und wieder zusammenbauen. Das geht mit großer Bedächtigkeit vor sich. Er scheint, umgeben von klösterlicher Stille, ganz in dieser Routine aufzugehen. Von mir nimmt er keine Notiz.

In Asselt treffe ich zunächst auf die Sint Dionysiuskerk. Der Kult um den Patron der französischen Könige und Schutzheiligen der Stadt Paris hat also auch den winzigen Flecken an der Maas erreicht - warum auch immer. In Frankreich ist der ehemalige Bischof von Paris Nationalheiliger. Er hat sich – das war um 250 – bei den Römern so unbeliebt gemacht, daß die ihn auf dem Montmartre enthauptet haben. Soweit die Historie. Der Legende nach – und was wären bedeutende Leute ohne Legenden - hat er sein abgeschlagenes Haupt genommen (was nach ihm nur noch Claas Störtebeker gelingen sollte), es in einer nahegelegenen Quelle gewaschen und mit dem Kopf in den Händen bis zu der Stelle gelaufen, wo er begraben werden wollte. Angesichts solcher Leistung ist es nur Recht und Billig, wenn der Ort später den französischen Königen als letzte Ruhestätte diente. Zuvor allerdings hat ein fränkischer König mit dem schönen Namen Dagobert die Basilika Saint-Denis über das Grab gebaut. Friedwälder waren bei Blaublütern noch nie beliebt.

Ich erzähle die Heiligengeschichte auch deshalb, weil über Assel wenig zu sagen ist. Grade noch soviel: es gehörte zur Gemeinde Swalmen (flämisch *Zjwame*), die per Entscheid der Volkskammer seit 2007 Roermond (,Zuid – Swalmen') zugeschlagen wurde. Sehr zum Ärger der Swalmener, die es nicht witzig fanden, zum Vorort degradiert zu werden. Hinter der Sint Dionysiuskerk bestimmt der Hafen eines Sportbootvereins die Szene. Er nimmt den gesamten Uferbereich des Dorfes ein, das kaum zweihundert Einwohner hat. Das einsame Restaurant an der Uferstraße hat noch nicht geöffnet. Ein Rudel rüstiger Nordic-Walker beiderlei Geschlechts stellt die einzigen Säugetiere an diesem frühen Morgen. Der Campingplatz am Ortsende liegt da wie ausgestorben. Mit etwas Glück finde ich die nicht ausgeschilderte Stichstraße nach Swalmen. Hinter einer Betonunterführung tauchen die ersten Häuser auf. Wieder suche ich vergeblich Hinweisschilder. Ein alter Mann auf einem klapprigen Rad kommt mir entgegen. Er spricht Deutsch. Noch zwei Ampeln, dann beim Chinesen links und immer geradeaus, erklärt er zutreffend. Ich folge seinen Anweisungen und später der Niederrheinroute durch den Brachter Wald. Seit einigen Jahren gehört er zum Naturpark Maas-Schwalm-Nette. Am Grenzübergang mitten im Wald bietet die Familie De Witt ein Erlebnis der besonderen Art: Borderij-Camping, Campingurlaub direkt an der Grenze.

Wer Waldeinsamkeit sucht, ist hier jedoch an der falschen Adresse. Der Platz liegt an der Straße nach Brüggen. Direkt hinter dem Campingplatz beginnt der Radweg. Auf dem unbefestigten Waldweg, der später zur Sandpiste wird, bin ich lange mutterseelenallein. Dann taucht links ein Stacheldrahtzaun auf und mit ihm Biker und Jogger. Ein Drehtor führt zu einem ehemaligen Munitionsdepot, heute ‚Naturschutzgebiet Elmpter Schwalmbruch'.

Bei Reuverstatt verläuft der Radweg am Waldrand und gibt zeitweise den Blick frei auf eine offene Agrarlandschaft. Das Ausflugslokal am ‚Weißen Stein' ist sehr gut besucht. Das fröhliche Treiben an einem mittelalterlichen Hinrichtungsort irritierte mich. Hier hat man armen Teufeln, die oft nur gewildert hatten, den Kopf aufgeschlagen. *„Auge um Auge, Zahn um Zahn"* war die mittelalterliche Rechtfertigung dieser und anderer martialischer Strafen. Im Namen des Alten Testaments wurden Delinquenten im Schlamm erstickt, in Öl gesiedet, lebendig vergraben oder verbrannt. Damit wollten *„ die Priester an der Spitze alter Gemeinwesen, sich ein Recht verschaffen …, Strafen zu verhängen – oder Gott dazu ein Recht verschaffen."* So Nietzsche in seiner ‚Götzendämmerung'.

Ich rolle hinunter ins Nettetal. Kaldenkirchen feiert gerade seine Erst-erwähnung vor achthundert Jahren. Patchworkmäßig haben Apotheker und Buchhändler Fotos und alte Zeitungsartikel ins Fenster gehängt. Das sieht ein bisschen aus wie eine studentische Wandzeitung. Am 15. Mai 1856 hatte der Preußenkönig Friedrich Wilhelm der Vierte aus dem Kaff per königlichem Erlass eine Stadt gemacht. Auch das gilt es zu feiern. Hundertfünfzig Jahre ist diese Häuseransammlung bereits Stadt. Auf mich wirkt sie eher wie ein großes Dorf.

Ich fahre ich weiter nach Venlo. Die Radstrecke führt direkt auf die Autobahn zu. Ich brauche einige Zeit, um zu begreifen, dass sie hinter der ehemaligen Zollstation direkt an der Autobahn verläuft. So stelle ich mir surfen an der Realitätsgrenze vor. Während ich auf die entge-genrasenden Laster zufahre, komme ich mir vor wie Schwarzenegger, Rambo und Bruce Willis in einer Person. Ich brauchte noch länger, um zu realisieren, dass die Rakete vor dem Zollhaus echt ist. Hatte jemand der deutstämmigen Aussiedler ein Souvenir des kalten Krieges im Handgepäck mitgebracht? Oder bereitet hier der ehemalige Geheim-dienstler Putin den Gegenschlag auf das Vorrücken der NATO vor? Wie auch immer; offensichtlich interessiert sich niemand für diesen

Rüstungmüll. Da muss man inzwischen strengste Kontrollen an Flughäfen über sich ergehen lassen - und dann so was.

Nachdem ich mich wieder abgeregt habe, rolle ich nach Venlo hinunter. Der Stadtname soll aus *„ven"* und *„lo"* zusammengesetzt sein, was auf Deutsch soviel bedeutet wie ‚Morast im Wald'. Wald ist hier allerdings Vergangenheit. Grün bringt nur der Stadtpark in die hektische Stadt. Die nächsten Waldflächen liegen an der Grenze. In Venlo wird vermarktet, was das Umland an Grünzeug jeder Art hergibt. Seinen Weg ins Stadtwappen hat diese Tatsache nicht gefunden. Dafür trägt es den sympathischen Spruch *„Festina lente, cauta fac omnia mente"* Zu Deutsch: *„Eile mit Weile und tue alles mit Verstand."*

Ich ziehe auf der Landstraße Richtung Herongen weiter. Es geht über endlose Kilometer bergauf, vorbei an einem Gehege. Dort verfüttert ein türkischstämmiger Niederländer mit seinem kleinen Sohn Weißbrot an Ziegen. Nach einer Zigarettenlänge steigt er ins Auto. Der verzogene Stammhalter bleibt am Gatter und beginnt aus Leibeskräften zu brüllen. Der Vater steigt wieder aus und rupft etwas von einer Pflanze ab, die ich den Viechern auf keinen Fall geben würde. Ich hoffe auf deren natürlichen Instinkt, weil ich keine Lust habe, mich mit einem türkischen Macho anzulegen.

Dreihundert Meter weiter erinnert am Grenzübergang nicht einmal eine Gedenkplakette an den historischen Ort. Wenige Wochen vor dem Überfall der Wehrmacht auf Polen wurde hier ein Ereignis inszeniert, das den Einmarsch in die neutralen Niederlande rechtfertigen sollte. Die Geschichte ist als *‚Venlo incident'* überliefert. Geheimdienstleute des Naziregimes, die sich als Hitlergegner mit Verbindungen zur angeblichen Wiederständlern in der Wehrmachtsführung ausgaben, trafen sich am 9.11.1939 im damaligen Cafe Backus mit Offizieren des britischen Geheimdienstes. Ein Sonderkommando der Schutzstaffel der NSDAP erschoss den niederländischen Geheimdienstoffizier Dirk Klop und nahm die britischen Offiziere Major Richard Henry Stevens und Captain Sigismund Payne Best gefangen. Best war als seriöser britischer Geschäftsmann weit über Den Haag hinaus bekannt. Er verfügte über hervorragende Kontakte zum niederländischen Königshaus. Das Kidnapping geschah einen Tag nach Georg Elsners Hitler-Attentat im Bürgerbräukeller. Prompt präsentierten die Nazis beide als Hintermänner.

Sie überlebten die Konzentrationslager Sachsenhausen und Dachau. Das Spionagenetz der Briten überlebte nicht. Dafür musste Captain Best später bezahlen. Nach seiner Befreuung entließ ihn der britische Geheimdienst. Für die Pension musste er vor Gericht ziehen. Es war daher eine späte Genugtuung, dass seine Memoiren unter dem Titel ,*The Venlo Incident*' ein Bestseller wurden.

Niederrhein
Land am großen Strom

Kurz hinter der Grenze geht es abwärts. Am Ortseingang von Herongen hat ein Riese mit grauweißen Dominosteinen gespielt. Die Lagerhallen des Agrargroßvermarkters Landgard bestimmen das Landschaftsbild. Das Dorf im Tal ist kaum größer als das Betriebsgelände. Die Genossenschaft verfügt über 25.000 m² Kühlhausfläche. Die verteilen sich auf Ländergesellschaften in Tschechien, Frankreich, Italien und in der Schweiz. Hier in Herongen verkauft die Genossenschaft Obst, Gemüse und Blumen. Obst und Gemüse werden nach eigenen Angaben fast ausschließlich in Betrieben der Region bis hin zur Kölner Bucht angebaut. Die Firma ist mit einer Milliarde Umsatz Deutschlands Nummer eins.

Wer bei ALDI Blumen einkauft, bezieht sie von der Firma an der niederländischen Grenze. Doch Herongens Rosen kommen nicht vom Niederrhein. Sie werden billig in Kenia gezüchtet, wo die Arbeiterinnen und Arbeiter ihre Familien vom Hungerlohn kaum ernähren können. Versuchen Sie Mal, Ihre Familie mit fünfzig Euro durchzubringen. Das geht weder in Herongen noch in Kenia. Und denken Sie beim nächsten Muttertag an: *Fair trade*!

Der Erfolg begann 1910 mit der schlichten Idee, das System der industriellen Revolution auch auf die Pflanzenproduktion zu übertragen. Die Firmengründer führten industrielle Produktions- und Vermarktungssysteme im Agrarsektor ein. Ihre Berater schufen die Erzeugerbetriebe, die zur standardisierten Massenproduktion erforderlich waren. Erdbeere, Spargel und Co. wurden damit zu industriellen Werkstücken. Geschmack, Aussehen, Größe – alles muss bis heute einheitlich sein. Ohne exzessiven Gebrauch von Geräten, Kunstdünger, Pestiziden und hochgezüchteten Pflanzensorten ist der Erfolg der Firma undenkbar. Leergeräumte Agrarlandschaften und Agrarprodukte, die nur noch entfernt mit dem zu tun haben, was vorher angebaut wurde, sind die Folge. Die Verlierer der Entwicklung sind bekannt. Die Gewinner auch. Es sind die vielen kleinen Betriebe, die seit den 1980ern ökologischen Landbau betreiben.

Im Tal riecht es streng nach Senf. Man muß das mögen, wenn man hier lebt. Im Talkessel braut die Firma Kühne zusammen, was bei einer deutschen Bratwurst nicht fehlen darf. Selbst in Sachen Senf wirft Karl der Große seinen langen Schatten. Das bereits vor dreitausend Jahren in China geschätzte Gewürz wird in Mitteleuropa erstmals - als *sinape* (Weißer Senf) - in seiner Landgüterverordnung *Capitulare de villis curtis imperii* erwähnt. Natürlich hat er das Schwert nicht mit der Feder vertauscht. Ein Dominikanerabt hat das umfangreiche kaiserliche Dekret in seinem Auftrag verfasst. Karl war jedoch ein großer Kenner der Gewürze und Kräuter. Hartnäckig hält sich die Legende, er habe den Schaugarten hinterm Aachener Dom selbst angelegt. Sicher ist jedoch, dass er dessen Anlage befohlen hat Das hatte viele Gründe: Kräuter blühen, duften, ernähren, beleben und heilen. Karl wusste, dass gegen fast jedes Zipperlein ein Kraut gewachsen ist. In seinem mittelalterlichen Gesundheitsbuch beschreibt Matioli die Wirkung von Senf so: *„Sinapi in der speiss genossen ist gutt dem magen, zerteylt die groben speyss und verzeret die überflüssige feuchtigkeit darinnen, fördert den harn und die frawenzeit, reumt die brust macht wohl ausreuspert, ist derhalben Butt denen, welche den Atem schwerlich aus und einziehen.“*

Das Dorf gehört bereits zum Niederrhein, obwohl die Landschaft mit ihren sanften Hügeln hierfür absolut untypisch ist. Typisch Niederrhein ist allerdings, dass dazugehört, wer sich dazu zählt. Mangels Alternative zählt sich auch Herongen dazu. Weder geographisch noch historisch bildet das Gebiet eine Einheit. Mit dem Kern des Rheinlandes um Köln hat man herzlich wenig zu tun, mit den angeblich stocksteifen Westfalen sowieso. Die Verbindungen zu den Niederländern sind oft stärker. Wenn man mit der Westbahn nach Kleve fährt, passiert man Haltestellen wie Nieukerk, die man eher jenseits der Grenze vermuten würde.
Unter Vordächern stehen Menschentrauben. Manche haben nicht unwesentliche Teile ihres Mobiliars vor die Tür geschleppt. Ich fahre die Parade ab und kann mich gerade noch beherrschen, huldvoll zu winken. Keine Ahnung, was hier abgeht. Ein Umzug ist es allemal. Und dessen Hauptdarsteller bin ich nicht, soviel ist mir klar. Kurze Zeit später erreiche ich Straelen. Eigenmotto: *„Alles im grünen Bereich“.* Was Landgard nicht frisch verkauft, friert Bofrost hier ein. Verkauft wird es dann in praktischen Eisblöcken an sechs Millionen Haushalte in Euro-

pa. Das Zentrum der Landwirtschaft und des Gartenbaus hat in den letzten Jahren den Stadtkern umfangreich saniert. Die Pfarrkirche überragt den Marktplatz, der von Bürgerhäusern umsäumt ist.

Die Landstraße hinter Straelen verläuft entlang der Grenze. Hinter Twisteden wird die Straße schon wieder belagert, diesmal von Fußgängern. Ursache ist ein Maislabyrinth aus mehreren Millionen Pflanzen. Der biologisch abbaubare Freizeitpark zieht an diesem sonnigen Abend hunderte Besucher an.

Direkt hinter dem Dorf schlage ich mich in die Büsche. Ich stelle das Biwak in einer kleinen Lichtung auf, hänge meine feuchten Klamotten in die Abendsonne und setze mich rauchend ins Gras. Plötzlich steht ein Pferd vor mir und schnaubt. *„Sagen sie was, dann hat er nicht soviel Angst."* säuselt dessen Besitzerin hoch oben auf dem gewaltigen Tier. Ich denke bei mir *„Wenn hier jemand Angst haben sollte, dann doch wohl ich"*. Dennoch erfülle ich bereitwillig den Wunsch. Ich rede auf das Tier ein - und subito sind die beiden auf und davon. Die Dame ruft mir noch hinterher *„Schönes Plätzchen, das sie sich da ausgesucht haben!"* Ohne Pferd schon.

Ich scheine mitten in einer Art Wildwechsel für domestizierte Vierbeiner geraten zu sein, denn bereits in der Morgendämmerung bekomme ich erneut Besuch. *„Aber der Wolf fand sie und verschluckte eines nach dem anderen. Nur das jüngste in dem Uhrkasten, das fand er nicht."* schrieben die Gebrüder Grimm. Ich bin noch im Halbschlaf, da höre ich in meinem Uhrkasten heftiges Schnaufen. Dazu pfeift es silberhell. Die Bestie zeigt sich von der Hundepfeife unbeeindruckt. Ihre Magensäfte sind aktiviert, doch ihr Rudelführer meint offensichtlich immer noch, alles unter Kontrolle zu haben. Getrieben von meiner Blase, krieche ich Ewigkeiten später aus dem Biwak und schaue direkt in ihr sabberndes Maul. Das Kalb glotzt zurück. Es bellt nicht, es beist nicht. Das ist ein guter Beginn für unsere Bekanntschaft. Ich rede auf das Tier in ein. Beruhigend, wie ich meine. Doch schon bald kommt mir der Gedanke, dass die Bestie das anders sehen könnte. Also höre ich wieder auf damit. Wir blicken uns noch Ewigkeiten in die Augen. Dann verschwindet das Monster gelangweilt. Ist das die Outdoor-Variante des Aussitzens? Jedenfalls passe ich – Chappi sei Dank - nicht in sein Beuteschema.

Schweißnass lege ich mein Pfefferspray wieder zur Seite, hadere jedoch zum wiederholten Mal damit, dass unsere Vorfahren auf den Hund kamen. Ich kann mir nicht abgewöhnen, auch im süßesten Pudel noch den Wolf zu sehen. Ob wir jemals auf dem Speiseplan des Isegrim standen, ist umstritten. Eher schon scheint es umgekehrt gewesen zu sein. Schließlich sind es äußerst scheue Tiere. Nach einer Studie des *Norsk institutt for naturforskning* gab es von Mitte bis Ende des letzten Jahrhunderts gerade Mal neun tödliche Angriffe auf Menschen. Fünf davon gingen auf das Konto tollwütiger Tiere. In der gleichen Zeit sind mindestens sechsmal so viele tödliche Unfälle mit ihrer domestizierten Version dokumentiert – oft ein Ergebnis von Missverständnissen.

Der Wolf war noch vor hundert Jahren das am meisten verbreitete Raubtier. Da sein tierischer Speiseplan mit unserem identisch ist, blieben Probleme nicht aus. Schließlich interessierte ihn der feine Unterschied zwischen Hausschaf und wildem Reh nicht die Bohne. Kein Wunder, dass er, seit wir sesshaft geworden sind, keine besonders gute Presse hat. Außer dem Menschen hat der *Canis lupus* keine natürlichen Feinde. Die Zersiedlung der Landschaft zerstört jedoch seinen Lebensraum. Schade. Mir persönlich sind Wölfe sympathischer als ihre kläffenden und zähnefletschenden Nachfolger, die *„nur spielen wollen"*. Alleine schon deshalb, weil der Wolf einen großen Bogen um mich gemacht hätte.

Zweihundert Meter von meinem Lager entfernt treffe ich erneut auf Bestien. Es handelt sich um eine größere Meute. Dennoch bin ich keineswegs beunruhigt. Das Rudel befindet sich *six feet under*. Die Gräber sind so groß wie Urnengräber und mindestens so liebevoll bepflanzt. Ich habe so ein Endlager für Vierbeiner noch nie gesehen. Daher kenne ich die Benimmregeln nicht. Ist jetzt ‚pietätvoll Schweigen' angesagt? Oder darf ich auf einem Hundefriedhof vor mich hinsummen? Rührend bis herzzerreißend sind die Inschriften der Marmorgräber: *„Geliebter treuer Freund. Du warst immer für mich da."* So what? Chappi macht's möglich.

Nieselregen reißt mich aus meinen tiefsinnigen Betrachtungen. In Eile baue ich ab und schaffe meine Habseligkeiten unter das Blätterdach, wo mich nur noch wenig von dem erreicht, was dem Grün um mich herum zum Dasein verhilft. ‚Habseligkeiten' erinnere ich mich, war unlängst das Wort des Jahres. Ich trage nicht mehr bei mir, als ich unbedingt brauche. Trotzdem ist mein Rucksack zentnerschwer, als ich mich nach dem Regenintermezzo wieder bepacke. Wie unterschiedlich doch die

Definition dessen ist, was man zum Leben braucht. Irgendwann werde ich mich mal nur mit einem Schlafsack auf die Reise machen, lediglich Hartkäse, Wasser und einen Krümel Brot in der Tasche.

Ich erreiche am frühen Morgen den Weezer Ortsteil Wemb. Es regnet wieder. Mein Magen meldet wenig feinsinnig, dass ich ihm noch keine Aufmerksamkeit geschenkt habe. Was für ein Rüpel! Erdbeertorte mit Sahne wäre eine gute Idee. In diesem Regenwald gibt es weit und breit nichtmal Rhabarbertorte. Die Gegend liegt im Grenzgebiet. Vor nicht allzu langer Zeit herrschten hier Sumpf und Ödland. Mit dem Rad wäre ich damals nicht durchgekommen. Auch die Bewohner hatten ihre liebe Not, sich mit Anstand durch diese Landschaft zu schlammen. Heute hat's hier alle paar Meter einen Entwässerungskanal. Gegraben wurden sie, damit die Leute was zu beißen haben. Kartoffeln und Gemüse werden hier angebaut. Im Grunde eignet sich die Gegend eher zum Reisanbau. Ist nur eine Frage der Zeit.

Die Felder und Weiden, durch die ich nun fahre, täuschen darüber hinweg, dass hier kaum mehr als ein Prozent der sozialversicherungspflichtig Beschäftigten von der Landwirtschaft leben können. Vielmehr ist das ländliche Idyll ein attraktiver Wohnort geworden. Bis Düsseldorf sind es nur hundert Kilometer, mit der Westbahn etwas mehr als eine Stunde. Nicht nur wetterbedingt beeindrucken mich die Siedlungen mit einer Mischung aus Neubauten und grausam aufgemotzten Bauernhäusern wenig. Die Wember Straße nach Weeze führt am Flughafen Weeze vorbei. Inzwischen regnet es in Strömen. Am Flughafenring steht ein Wachposten, der die Fahrzeuge müde durchwinkt. Später auf dem Luftbild sehe ich, dass die Start- und Landebahn erst in Wurfweite zur Grenze endet. Der etwas verschnarchte Flughafen liegt etwa siebzig Kilometer vom Düsseldorfer Flughafen entfernt. Dort starten und landen die Flugzeuge im Minutentakt, hier bekomme ich nicht eines zu Gesicht. Die Royal Air Force hat den Platz aufgegeben. Seit 2003 wird er unter dem Namen ‚Niederrhein Airport' vor allem vom Billigflieger Ryanair genutzt, der zum Taxipreis nach Shannon fliegt.

In der Region finden nicht alle die neue Nutzung super. Klar, hier sind Arbeitsplätze geschaffen worden. Dennoch klagten Anwohner. Und dies nicht nur still und leise. Anwälte und Gerichte haben sie bemüht. Am 3. Januar 2006 hob das Oberverwaltungsgericht Münster die Genehmigung auf, weil sie die Nutzung bis zur Kapazitätsgrenze erlaubte. Der damit verbundene Fluglärm stehe nicht im angemessenen Verhältnis zu den Vorteilen für die Region. Nun hat das Bundesverwaltungsgericht entscheiden, dass der Fall erneut verhandelt werden muss. Das kann noch viele Jahre dauern.

Während ich Weeze auf der Umgehungsstraße umfahre, baut der Regen eine Wand vor mir auf. Duschwasser ist wärmer, das Berieselungsfeeling aber gleich. Ein entgegenkommender Lastkraftwagenfahrer zeigt mir den dicken Finger. Ich überlege einen Moment, ebenfalls grob zu werden, widerstehe jedoch der Versuchung. Wer seinen Bierbauch täglich hinters Lenkrad zwängen muss, um Waren von einem trostlosen Ort zum anderen zu kutschieren, verdient ein bisschen Nachsicht, wenn er versucht, seinem Leben durch etwas Schadenfreude ein Minimum an Farbe zu geben. Ich gönne ihm souverän das Gefühl der Überlegenheit und kämpfe mich verbissen weiter durch den Wasserfall, während mir Schwimmflügel wachsen.

Der Soldatenfriedhof an der Udemer Strasse ist auch nicht geeignet, meine Stimmung aufzuhellen. Kreisförmig um ein erhöhtes Denkmal sind in die Rasenfläche moosbewucherte Gedenkplatten aus Sandstein eingelassen. Sie enthalten Name, Geburts- und Todesdaten. Hier liegen Tote aus zwei Weltkriegen. Viele wurden nicht einmal Zwanzig. Die gewaltige Summe der ungelebten Leben bedrückt mich. Diese Stimmung hält bis Goch an. Auch hier sind die Folgen des letzten Weltkrieges sichtbar. Kaum ein Haus ist älter als sechzig Jahre. Was heute hier steht, ist nach dem Bomberangriff vom 7. Februar 1945 wieder aufgebaut worden. Die Stadt hat dafür bezahlt, dass die Mehrheit der Deutschen einer Ideologie folgte, die in krassem Gegensatz zur deutschen Geistesgeschichte steht

Es regnet noch immer. Die stetig wiederkehrenden monotonen Raumfluchten der Fußgängerzonen mit den ewiggleichen Filialen einschlägig bekannter Filialisten sind nicht geeignet, meine schwermütigen Gedanken wegzufegen. Wo vor Jahren noch eigentümergeführte Geschäfte standen, hat sich ein bundesdeutscher Einheitsbrei durchgesetzt. Goch hat aber mehr zu bieten als eine langweilige Fußgängerzone, nämlich das einzigartige Portrait einer Kleinstadt. Im Stadtpark hat der Fotograf Horst Wackerbarth vor wenigen Wochen die Bürger auf sein rotes Sofa gebeten, das zuvor Jahrzehnte um die Welt gereist war.

Bekannt war der Ort aber schon vorher. Er erlangte traurige Berühmtheit, als vor dreizehn Jahren der große Turm der gotischen Pfarrkirche St. Maria-Magdalena aus heiterem Himmel einstürzte. Zum Glück war niemand in der Kirche. Es war nicht das erste Mal, daß sie verwüstet wurde. Während des Dreißigjährigen Krieges überrannte der Gouverneur von Nijmegen mit über tausend reformierten Soldaten die Stadt. Sie zogen erst weiter, als sie alles, was in der Kirche nicht niet und nagelfest war, zu Kleinholz verarbeitet und verbrannt hatten. Der Bildersturm war die Rache für die ungesühnte Verleumdung ihres Predigers *Cerporinus*. Die Bürgerschaft hatte sich geweigert, sechzehn Bürger der Stadt dafür hinzurichten. Calvin war schon nicht zimperlich, wenn es um die ‚Feinde Gottes‘ ging. Viele seiner Gefolgsleute waren noch humorloser. Wer heute über islamischen Fundamentalismus schimpft, sollte einen Blick in die Geschichtsbücher werfen. Eine Rechtfertigung ergibt sich daraus mitnichten.

Hinter der Stadt beginnt die Gocher Heide. Hier entstand vor mehr als zweihundertfünfzig Jahren ein Camp gestrandeter Asylanten. Immer schon suchten Menschen in der Fremde ein besseres Leben. Hundertzwanzig Kurpfälzer kamen dabei nicht allzu weit. Im Mai 1741 hatte sich eine Gruppe aus dem bitterarmen Hunsrück auf den Weg in das Gelobte Land aufgemacht. Ihr Ziel war es, nach Pennsylvania auswandern. Nicht nur ihre Armut trieb sie aus der Heimat. Der Heimatforscher Emil Böhmer beschrieb es so: *„Die Ansiedler stammen, wie die Acten berichten, aus allen Teilen der ehemaligen Kurpfalz. Was trieb sie, aus ihrer Heimat auszuwandern? Die Verhältnisse in der Pfalz während der ersten Hälfte des 18. Jahrhunderts waren die denkbar traurigsten. Mit Kurfürst Philipp Wilhelm I. war 1685 ein streng katholisches Herrscherhaus auf den Thron der Pfalz gekommen. Seitdem hatten die Streitigkeiten zwischen Evangelischen und Katholiken nie aufgehört. Die an und für sich reiche Pfalz war durch Misswirtschaft vieler Fürsten ausgesogen. Die Raubkriege Ludwigs XIV. taten das ihre, um dem verarmten Lande die letzten Blutstropfen auszupressen ... Jenseits des Oceans, in Pennsylvanien, suchten viele eine neue Heimat.“*

Noch heute sind im Bundesstaat Pennsylvania (Staatsmotto: ‚*Virtue, Liberty and Independence*‘) fast dreißig Prozent der Bevölkerung deutschstämmig. Viele davon folgten dem Ruf von William Penn, der zum

‚Holy experiment' in Amerika aufgerufen hatte. Der in England verfolgte Quäker aus gutem Haus (sein Vater war Admiral) hatte schon siebzig Jahre vor der Reise der Hunsrücker alle Glaubensverfolgten in Deutschland eingeladen, nach Nordamerika zu kommen. Dort hatte ihm der englische König weitläufige Ländereien überlassen, um den Quälgeist loszuwerden, der für seine Zeit sehr liberale Ideen vertrat. Die ersten dreizehn Familien aus Deutschland folgten seinem Ruf bereits 1683. Sie kamen aus dem Krefelder Raum, weniger als hundert Kilometer von hier stromaufwärts:

Die Pfälzer waren ziemlich spät dran. Längst hatten die Würmer Penns Gebeine blank genagt. Aber auch wenn sie früher aufgestanden wären: in Pennsylvania hätten sie ihn kaum angetroffen. Er war nur wenige Jahre dort. Dennoch überdauerte sein Mythos vom besseren Leben jenseits des Ozeans die Jahrzehnte. Dazu trugen das von ihm eingeführte liberale Wahlrecht, die volle Religionsfreiheit und seine Achtung der Rechte der Eingeborenen bei.

Die Kurpfälzer waren nicht nur spät dran, sie hatten auch noch Pech. Das Handy wurde erst knapp dreihundert Jahre später erfunden. Selbst schlechte Nachrichten brauchten damals Monate. Als sie ihre Reise antraten, war schon alles zu spät. Ihr Ausreiseprojekt war gescheitert, ehe es begann. Nur wussten sie das nicht. Der Seekrieg zwischen England und Spanien blockierte die Route. Nur wenige Schiffe kamen durch. Die Asylanten strandeten in den Hafenstädten. Überbevölkerung und Verelendung waren die Folge. Die niederländischen Grenzposten waren angewiesen, nur Auswanderer durchzulassen, die bereits eine Schiffspassage nach Amerika nachweisen konnten. Die Pfälzer wollten den Risikozuschlag des englischen Kapitäns nicht zahlen. Ihr Geiz war keine gute Idee. Die Pfennigfuchserei ging dem Kapitän auf den Senkel. Er lies die Segel setzen. Ohne Ticket kamen die Pfälzer nicht an der Grenzfeste Schenkendanz vorbei. Was also tun? Die Auswandereranwärter besetzten kurzerhand die Schiffe. Besetzungen – von was auch immer – waren auch damals bei der Obrigkeit nicht besonders beliebt. Die zuständige Kriegs- und Domänekammer in Kleve forderte die Pfälzer auf, die Schiffe umgehend wieder zu räumen. Wir dürfen annehmen, daß die Kammer sehr deutliche Worte fand. Jedenfalls räumten die Pfälzer die Schiffe und ließen den Kapitän ziehen. Nach Hause konnten sie nicht mehr, weg kamen sie auch nicht. Bleiben war also alternativlos. Die Stadt Goch verfügte in der Gocher Heide über ein zehntausend Morgen großes Gelände, das ihr vom Herzog von Geldern geschenkt worden war. Die Pfälzer nahmen ihren ganzen Charme zusammen und überzeugten – wenn auch auf dem Umweg über eine Bittschrift an Friedrich den Großen - die Stadt, ihnen das Gebiet als Siedlungsgelände zur Verfügung zu stellen. Und so kamen die Gocher zu einer Pfälzer Gemeinde. Es lag auf der Hand, sie Pfalzdorf zu nennen. Seit 1749 ist dies denn auch ihr amtlicher Name.

Die Nummer sprach sich im Hunsrück herum. Weitere Auswanderer folgten. Irgendwann wurde es den Pfälzern in Pfalzdorf zu eng. Anfang des neunzehnten Jahrhunderts gab die Gemeinde einen Teil des Kalkarer Waldes zur Besiedlung frei. Es entstanden Louisendorf und Neueluisendorf. Lange blieb das Gebiet eine pfälzische Sprachinsel. Die protestantischen Siedler vermischten sich nur selten mit ihrer katholischen Umgebung. Integration stand lange Zeit nicht ganz oben auf der Agenda. Das ist auch der Grund, weshalb sie es hier mit dem Karneval nicht so doll haben. Das ,Pälzersch' soll heute aber nur noch von den älteren Einwohnern gesprochen werden.

Ich streife auf der Suche nach pfälzischen Spuren durch das Dorf. Hätte ich mir sparen können. Fragen kann ich nicht. Die Streusiedlung liegt verlassen vor mir. Nicht mal ein streunender Köter gibt sich die Ehre. Zur Verbesserung meiner Stimmung trägt das nicht bei, zumal das Wetter immer noch mies ist. Ich habe keine Lust, im örtlichen Backparadies nachzufragen, wie man es hier mit den Pfälzer Wurzeln hält. Die Verkäuferin kommt im Zweifel ohnehin aus Görlitz. Der Heimatforscher Jakob Immig hätte mir die Geschichte der Pfälzer Siedler erzählen können. Unglücklicherweise haben sich die Maden schon vor einigen Jahrzehnten an ihm sattgegessen. Das posthum nach ihm benannte Archiv finde ich nicht.

Hinter Pfalzdorf fahre ich ein kurzes Stück durch den Reichswald, das größte zusammenhängende Waldgebiet am Niederrein. Der heute beeindruckende Wald ist kümmerlicher Rest ausgedehnten Wälder, die nach der letzten Eiszeit entstanden sind. Große Teile davon stehen unter Naturschutz. Er endet exakt an der Grenze. Im Osten zeigt das Satellitenbild, wie die viereckigen Waldparzellen in die Patchworkdecke der offenen Agrarlandschaft zwischen Goch und Kleve übergehen.

Die ersten Bäume mussten dem Ackerbau bereits in der Steinzeit weichen. Die Römer, denen der dichte germanische Laubwald zu Recht nicht geheuer war, betrieben das Projekt genussvoll weiter und bereits am Ende des Mittelalters war nur noch ein Bruchteil vorhanden. Das wiederum wissen wir aus den peniblen Berichten preußischer Beamter.

General Montgomery hätte auch auf die verbliebenen sechstausend Hektar gerne verzichtet. Drei Monate vor Kriegsende kämpften sich seine Truppen durchnässt vom Dauerregen durch den dunklen Wald. Es war mitnichten der *walk-over*, den er erhofft hatte. Die Panzer blieben auf den matschigen Waldwegen stecken und wurden zum leichten Ziel für die deutschen Panzerfäuste. Hinter jedem Baum konnte ein deutscher Grenadier stehen. *Foot-by-foot* kämpften sich die britischen und kanadischen Truppen durchs Unterholz. Ein Überlebender berichtete später der BBC: *„We didn't like the Reichswald, it was a thick forrest, mainly of pine trees mostly close together and there was an eerie silence all the time – exapt, that is, when we weren't being subjected to heavy artillery fire in which the shells tended to explode in the trees over our heads and causing heavy casualties."*

Auch an der Stadt am Ostrand des Waldes ist der Krieg nicht spurlos vorbeigegangen. Anfang Oktober 1944 zerstörten britische Bomber die Klever Innenstadt fast völlig. Auch das Wahrzeichen der Stadt. Die Schwanenburg ist jedoch längst wieder aufgebaut. Dennoch bekommen mich keine zehn Pferde auf den Turm. Das überwältigende Niederrheinpanorama muss ohne meine Bewunderung auskommen.

Ihr heutiges Gesicht erhielt sie durch den Gastarbeiter Johann Moritz von Nassau-Siegen. Im 17ten Jahrhundert verwandelte Moritz in ein Schloss im schlichten Stil des Barock, was er vorfand.

Die Endmoräne, auf der das Schloss steht, sieht teilweise wie eine Klippe aus. So kam die Siedlung zu ihrem Namen. Es ist die höchste Erhebung weit und breit, nur überragt von den Höhenzügen des Reichswaldes, die schwindelerregende neunzig Meter erreichen. Das von hier regierte Herzogtum bildete lange Zeit den westlichsten Außenposten des Preußenreichs. Nimmt man die Fürstbistümer Köln und Münster dazu, hat man in groben Zügen bereits das heutige Nordrhein-Westfalen.

Dieses Reich wurde nicht mit dem Schwert, sondern mit Eheringen geschmiedet. Es endete erst mit Herzog Johann Wilhelm. Aus welchen

Gründen auch immer: er zeugte keinen Stammhalter. Nutznießer wurden die aufstrebenden Preußen. Die hatten ihre liebe Mühe mit den geerbten Untertanen. Berlin war dabei, einen straff organisierten Zentralstaat aufzubauen. Die niederrheinischen Städte und deren Stände waren davon nicht begeistert. Wer gibt schon gerne Macht und Autonomie ab?

In dieser Situation hatte der Große Kurfürst Friedrich Wilhelm eine ebenso einfache wie geniale Idee. Er ernannte 1647 einen Freund zu seinem Statthalter, der den Niederrhein wie seine Westentasche kannte und hier beim Adel wie dem einfachen Volk hohe Sympathiewerte verbuchen konnte. Es handelte sich um jenen Johann Moritz von Nassau-Siegen, der später seine Finger nicht von der mittelalterlichen Burg lassen konnte. Bereits mit sechzehn Jahren hatte er an der Belagerung der Festung Schenkenschanz wenige Kilometer rheinabwärts teilgenommen und erlebt, wie Kleve und Umland zerstört wurden. Die Niederländer mochten den Dillenburger, weil er für sie die Portugiesen aus Brasilien rausgeschmissen hatte. Unter anderem mit diesem Streich wurden sie zur führenden Macht des siebzehnten Jahrhunderts. Trotzdem haben die Brasilianer nicht auf Niederländisch umgeschult. In der Schlacht von Guararapas wurden sie wieder vertrieben. Aber da herrschte Johann bereits sieben Jahre über den Niederrhein und war zur unantastbaren Legende geworden. Der Brasilianer – wie er auch genannt wurde - war zum Zeitpunkt seiner Ernennung als Friedrichs Statthalter bereits niederländischer Kommandant der rechtsrheinischen Festungen. Seine Kontakte und sein Verhandlungsgeschick sicherten Preußens Machtanspruch am Niederrein. Gleichzeitig brachte er die niederländische Architektur und Gartengestaltung nach Preußen. Vor allem prägte er das Klever Stadtbild, als er den durch den spanisch-niederländischen Krieg verwüsteten Ort wiederaufbaute. Er bezog die hügelige und waldreiche Umgebung in ein System von Alleen, Kanälen und Sichtachsen ein, die blühende Gärten und kleine Schlösser miteinander verbanden.

Viel ist von der Pracht nicht mehr zu sehen. Sie ging im Bombenhagel der letzten Kriegstage unter. Wenn man allerdings vom Obelisken im Neuen Tiergarten über den Prinz-Moritz-Kanal zum rechtsrheinischen Hochelten blickt, bekommt man noch heute wenigstens eine Ahnung davon, was Friedrichs Statthalter aus der von den rechtgläubigen Spaniern in Trümmer gelegten Stadt zauberte.

Als ich am Kreishaus vorbeifahre, packt mich die kalte Wut. Hier hatte ein Teil des Landschaftsparks zwar den Weltkrieg, nicht aber die Stadtregierung überlebt. Statt einer Parklandschaft erstreckt sich hier seit den siebziger Jahren der Betonkomplex der Kreisverwaltung. Nur gut, dass Beton nicht ewig hält.

In der Fußgängerzone verliert sich der Radweg nach Emmerich. Just in dem Moment stehe ich vor dem Tourismusbüro. Passt. Die freundliche junge Dame versteht nicht, was ich ihr da wortreich über mangelhafte Beschilderung erzählte und erklärt ohne die geringste Ironie, dass der Wegweiser nach Emmerich um die nächste Ecke steht. Sie kann nur schlecht verbergen, daß ich nach ihrer Meinung intellektuell hart am Limit segele. Ehe sie noch auf die Idee kommt, mir über die Straße zu helfen, gebe ich Fersengeld. Vor der Tür stolpere ich über zwei Baseler, die intellektuell ebenso wenig auf der Höhe zu sein scheinen, aber wenigstens noch genug Grips haben, das Tourismusbüro zu meiden. Ich stelle mich ihnen mit meinem gerade erworbenen Geheimwissen als Leitwolf zur Verfügung. Das geht offensichtlich ihrem Schweizer Unabhängigkeitsdrang gegen den Strich. Ich vermeide den Eindruck, mich aufdrängen zu wollen, indem ich ihnen einen kleinen Vorsprung gebe. Fünf Minuten später überhole ich sie fröhlich winkend, während sie einen Ureinwohner ausquetschen. Ich werde sie nie wiedersehen. Sie verschwinden im Klever Bermudadreieck. Eigentlich hätten sie mich mit ihren Tourenrädern irgendwann überholen müssen.

Die Bundesstraße von Kleve nach Emmerich ist stark befahren. Das Nadelöhr verbindet über die Brücke bei Emmerich die linksrheinischen mit den rechtsrheinischen Städten. Dankenswerterweise haben die Planer an einen Radweg gedacht. Es sieht nach Gewitter aus. Die dunklen Wolken öffnen ihre Schleusen glücklicherweise nur für einen kurzen Platzregen. Eine halbe Stunde nach Kleve taucht endlich die ‚Golden Gate vom Niederrhein' vor mir auf. Bereits die Römer bauten eine Rheinbrücke, obwohl sie auf der rechten Rheinseite nichts wirklich Gutes erwartete. Sie ging über vierhundert Meter von Köln nach Deutz, dem damaligen Kastel Divitia. Ihre Nachfolgerin hier oben im Norden ist etwas größer. Sie ist die längste Hängebrücke Deutschlands und spannt sich erst seit sechzig Jahren einen halben Kilometer über den Fluss und seine Auen. Mit ihren Rampen bringt sie es fast auf die drei

fache Länge. Die nächsten Brücken stehen rheinabwärts in Nijmegen, rheinaufwärts in Wesel. Dazwischen behilft sich der Niederrheiner mit Fähren. Täglich wird die Brücke von mehr als fünfhundert Schiffen passiert. Seit die cleveren Römer herausbekommen hatten, dass Wasser nicht nur trennt, wurden Meere und große Ströme zu Autobahnen. So auch der Rhein. Bis heute.

Richtig beliebt wurde der Fluss erst im Mittelalter. Im Juni 1816 tauchte das erste Dampfschiff auf. Ihr zunehmender Einsatz schuf die Voraussetzungen für den Aufschwung an Rhein und Ruhr. Konnte das noch in der frühen Neuzeit gebräuchliche Oberländer Großschiff nicht mehr als fünfzig Tonnen transportieren, sind es heute Containerschubverbände. Sie können bis zu siebzig Lastkraftwagen ersetzen und stampfen mit dem vierzigfachen Gewicht unter der Brücke bergauf. Meist nach Duisburg, oder in atemberaubendem Tempo rheinab nach Rotterdam. Man stelle sich das Chaos vor, wenn dieser Güterverkehr von der ohnehin schon gut ausgelasteten Autobahn bewältigt werden müsste, die an Emmerich vorbeizieht. Gut dreizehn Prozent aller Güter, die in Deutschland bewegt werden, gehen über die großen Flüsse und Kanäle. Sie verbinden die industriellen Zentren mit der globalisierten Welt.

Der Rhein verbindet aber nicht nur. Deutschland mit den Niederlanden und dem Rest der Welt, er trennt auch. Bis heute. Mich zum Beispiel von Emmerich. Die bis zu vierzig Meter hohe Brücke mit ihrem Spielzeuggeländer treibt mir schon bei der Vorstellung, ich müsste darüberfahren, den kalten Angstschweiß auf die Stirn.

Ich schlage mich in die Büsche. In der Nacht regnet es erneut. Am nächsten Morgen kommt die wärmende Sonne nicht eine Sekunde zu früh. Ich krieche stocksteif aus dem Biwak. Alles ist feucht, selbst im Kamerabeutel hat sich Kondenswasser gebildet. Das Objektiv ist beschlagen. Zum Frühstück also in der Sonne gedünstete Nikon. Das ist nicht wirklich witzig. Der Spaßfaktor liegt bei satten Minuswerten. Ich wünsche mich zurück an meinen gemütlichen Schreibtisch. Weit und breit leider kein Montgomery „Scotty' Scott, der mich dorthin beamen könnte.

Ich rufe mich zur Ordnung. Wer sich das Recht auf ein eigenwilliges Leben herausnimmt, muss auch klaglos leiden können. Ich habe von einem Juristenkollegen gelesen, der seine Wohnung in London aufgab, um in den Wäldern bei Oxford zu leben und dennoch täglich seinen Job als Auktionator bei Sotheby's in Schlips, Anzug und blankpolierten Schuhen tat. *Downshifting* nennt man das auf der Insel. Die so leben haben erkannt: *„Weniger ist mehr, Luxus nur Ersatz für ein sinnerfülltes Leben"*. So ganz neu ist das nicht - Henry David Thoreau lässt grüßen. Dann huscht mir noch ein Satz durch den Sinn, den David Burroughs im Frühjahr 1955 von Tanger aus an Allen Ginsberg schrieb: *„Leider ist in unserer Kultur Abenteuer gleichbedeutend mit Verbrechen …".* Dem bleibt nichts hinzuzufügen.

Selbstironie und Selbstmitleid tragen eine blutrünstige Schlacht in mir aus. Nachdem ich meine jämmerliche Situation intellektuell so überhöht habe, daß sie schon wieder erträglich ist, hänge ich Schlafsack und Klamotten in die Morgensonne und stelle meine steifen Glieder in die wärmenden Strahlen. Danach fühle ich mich besser. Eine Stunde später mache ich mich auf den Weg zum niederländischen Grenzort Millingen. Die ‚Golden Gate vom Niederrhein' präsentiert sich wie im Werbeprospekt. Fast zwanghaft suche ich immer neue Kamerapositionen, um die Diva auf den Chip zu bannen: Brücke mit weidenden Kühen, Sandstrand und Rheinfluten in Variationen. Leider ist die Performance der Wolken noch mittelmäßig. Wenige Stunden später wird sich das ändern, aber ich will nicht vorgreifen.

Fünf Kilometer stromabwärts schützt das Rheintor die Bewohner von Griethausen vor den gefürchteten Hochwassern. Meterhohe Schneeberge warten im Frühjahr am Oberlauf auf ihre Schmelze. Jedenfalls bis auf weiteres. Seit Jahrhunderten schwillt der Rhein jedes Jahr an und wird zur Bedrohung. Früher war er der König des Rheingrabens, wand sich in Schleifen, schickte Seitenarme auf ausgedehnte Ausflüge und breitete sich nach Belieben aus, wenn ihn die Schmelzwasser drückten. Der Stromverlauf änderte sich fast nach jedem Hochwasser. Manche Siedlungen wurden weggespült. So meldet eine Nachricht aus 1541: *„Neill, dat dorp, is affgedrewen."* Es lag dort, wo sich heute der Düsseldorfer Hafen ausbreitet. Andere wurden auf Anhöhen verlegt. Uerdingen zum Beispiel. Und wieder andere hatten plötzlich keinen Zugang zum Rhein mehr und mussten sich etwas einfallen lassen. In Neuss baute man den Hafen einfach in die Erftauen.

Das ewige mäandrieren und ausbüxen ging den Rheinanwohnern im vorletzten Jahrhundert schließlich so sehr auf den Senkel, dass sie ihn durchgehend mit Krippen, Buhnen und Dämmen züchtigten. Das wiederum nahm die männliche Diva keineswegs gelassen hin. Seit er in weiten Teilen begradigt und reguliert ist, schießt das Wasser der Alpen und aller sonstigen Hügel beidseits des Flusses ungebremst zur Nordsee. Erst im letzten Jahrzehnt hat man damit aufgehört, die Dämme immer höher zu bauen. Deiche kann man nicht ewig erhöhen. Irgendwann wird die Gefahr zu groß, wenn der Deich doch durchbricht. Heute setzt man darauf, dem Wasser wieder Raum zu geben. Deiche werden zurückverlegt und Auenlandschaften wiederhergestellt. Na also, geht doch.

Heute ist das Tor geöffnet. Wasser kommt ausschließlich von oben: Ich zweckentfremde das Bollwerk und stelle mich unter, bis der heftige Schauer aufhört. Als es nur noch tröpfelt und mir das Herumstehen zu langweilig wird, gehe ich zur Altrheinbrücke hinter dem Tor. Hier wurde Eisenbahngeschichte geschrieben. Ich habe einen Premiumblick auf die älteste erhaltene Eisenbahnbrücke in Deutschland. Mit ihrem Bau wurde1863 begonnen. Zweiunddreißig Jahre nach dem mit der Strecke von Essen-Kupferdreh nach Velbert-Langenberg im Ruhrgebiet das Eisenbahnzeitalter in Deutschland begann. Damals zogen noch Pferde die Wagons über die siebeneinhalb Kilometer durch das Deilthal. Erst zwei Jahre nach Beginn des Brückenbaus waren die eine Million Pfund geschmiedetes Eisen verbaut. Auf der anderen Seite des Dammes sind bei Niedrigwasser noch die Eichenpfähle sichtbar, an denen die Fischerboote vor dreihundert Jahren angepflockt wurden. Gegenwärtig sind sie überschwemmt.

Ehe ich mich die Langeweile erneut anfällt, fahre ich auf der Deichkrone weiter. In Wardhausen überquere ich das Schleusentor über dem Kanal, der die hochwassersichere Siedlung Kleve mit dem Rhein verbindet. Einige Wildenten haben hinter der Schleuse bereits ihr Winterquartier bezogen. Eine Kette fliegt wie aufgefädelt ein Stückchen weiter draußen in niedriger Höhe über den Altrheinarm. Wie auf ein Zeichen schwenkt der Schwarm in sanfter Kurve aufwärts und kippt wie ein Bombergeschwader, einer nach dem anderen, in exaktem Rhythmus dem Wasser zu.

Rund zweihunderttausend Gäste aus Sibirien, der Arktis und Russland machen es sich am Niederrhein jedes Jahr ab September gemütlich, statt sich in ihrer Heimat den Allerwertesten abzufrieren. Manche davon - wie die Graugänse - sind vor Jahren noch bis Afrika geflogen. Obwohl ihrer Gattung nicht gerade Scharfsinn nachgesagt wird, haben auch sie die Sache mit den milden Wintern bereits mitgekriegt und sparen sich die paar tausend Kilometer, die ihre Vorfahren seit etwa 25 Millionen Jahren abgeflogen sind, weil sie in einem frühen Akt der Globalisierung auf den Trichter kamen, die Klimazonen der Erde geschickt für sich zu nutzen. Einige der vor mir im Sommerwind dahingleitenden Gänse werden den Winter nicht überleben. Viele hätten auch die lange Reise nicht überlebt. Ein Nullsummenspiel mit leichtem Plus für die Art. Hart ist das Überleben in Darwins Welt nur für das Individuum.

Kurze Zeit später steht eine Kuh auf dem Radweg. Irritiert bin nur ich. Sie kennt das schon. Auf ihrem Kuhweg treiben sich ständig Lebensformen auf zwei Rädern herum. Gelassen schaut sie mir in die Augen, als wolle sie mir mitteilen, dass ich sie nicht hetzen soll. Wenig später gibt sie in ihrer großen Güte den Weg frei und trottet gemächlich zum Bauernhof hinter den Damm. Ihre Kolleginnen auf der Weide haben auch nicht mehr Interesse an mir. Interaktion mit Zweibeinern ist nicht ihr Ding.

Wenig später bei Düffelward liegt eine kleine Fähre am Norduferdes Griethauser Altrhein. Der Kapitän fährt bei Bedarf, ansonsten kann er den Wildgänsen und dem Spiel der Wolken zuschauen. Ich finde das herrlich rückständig, wie aus der Zeit gefallen. Wer Ruhe finden will, sollte sich diesen Ort merken. Wer hier eine Zigarette fallen lässt, richtet vermutlich schon ein mittleres Chaos an.

Die dicke Hochwasserschutzmauer von Schenkenschanz verhindert weitere Bebauung. Wochenendhausplage reicher Großstädter? Fehlanzeige. Dazu gibt's hier zu wenig Fläche. Drumherum erfreut sattgrünes Weideland das Auge. Amerikanische Psychologen wollen herausgefunden haben, dass dies genau das ist, was wir für unser inneres Gleichgewicht brauchen. Das Grünland hier ist zu oft nur im Neoporenanzug zu besichtigen, um ins Visier von Grundstücksspekulanten zu geraten. Wenn der Rhein es will, wird der Flecken wieder zur Insel und die gut vier Kilometer lange Deichstraße von Griethausen überspült. Im Jahrhunderthochwasser Februar 1995 musste das 38 Hektar große Dorf sogar evakuiert werden. Wer die niederrheinische Landschaft mag, findet hier sein Paradies. Er muss nur noch das Glück haben, eine der wenigen Ferienwohnungen zu ergattern. Die schlechte Nachricht: ist: der Ort ist leider auch über den schon erwähnten Damm bei Griethausen zu erreichen. Ohne Lärm und Abgase geht es auch in Schenkenschanz nicht. *„Kein Paradies ohne Mücken!" schrieb einst* Wilhelm Busch.

Ich sitze lange am Hang des Damms und genieße, was ich wohl als Idylle bezeichnen würde, hätte ich mein tägliches Brot dem örtlichen Tourismusbüro zu verdanken. Während ich dem Altrhein beim Fließen zusehe, kommt ein Gewitter auf. Noch nehme ich die dunkle Wolkenfront gelassen hin, ganz versunken im Hier und Jetzt. Der Kapitän bekommt für eine Zigarettenlänge Besuch aus dem Dorf. Ein kaum belegtes Ausflugsboot tuckert den Rheinarm hoch. Er wechselt kurz die Seite, um in der engen Fahrrinne Platz zu machen. Ein Leben in Zeitlupe. Nichts deutet hier und heute auf die bewegte Vergangenheit der *„Schanz"* hin.

Der Haudegen Martin Schenk von Nideggen ließ hier Ende des 16.Jahrhunderts im Freiheitskrieg der Niederländer gegen die Spanier eine der stärksten Festungen Europas bauen. Sie war lange das Tor zu den Niederlanden und galt als uneinnehmbar. Die Festung wurde auf dem morastigen Boden der Insel s`Grafenward im Gabelungswinkel der Ströme Rhein und Waal errichtet. Auf alten Stichen aus dem siebzehnten Jahrhundert ist eine wasserumspülte Festung mit vor- und zurückspringenden Mauern und Wällen zu sehen, hinter denen sich die Ziegeldächer einer kleinen Garnisonsstadt erheben. Davon ist nichts erhalten. Als das niederrheinische Gebiet nachdem Wiener Kongress an Preußen fiel, wurde die Festung plattgemacht.

Martin Schenk von Nideggen war übrigens ein bunter Hund. Er diente jeweils der Seite, die ihn am besten bezahlte. Die Festung errichtete er, als er wieder Mal in niederländischen Diensten stand. Davor und danach lies er sich von den Spaniern bezahlen *„allwo er sich durch verschiedene Bravouren berühmt gemacht, weilen er kühnlich etwas wagete und in Gefahren beherzt blieb."* Der letzte Seitenwechsel endete tödlich. Bei einem Angriff auf Nijmegen fiel er mit voller Rüstung in die Fluten der Waal. Was den Ritter schützen sollte, wurde ihm im Wasser zum Verhängnis. Die Niederländer nahmen ihm den häufigen Seitenwechsel so übel, dass sie den Leichnam aus der trüben Brühe zogen, seinen Kopf vom Rumpf trennten und ihn in Nijmegen zur Schau stellten.

Ich fahre auf der Deichkrone weiter. Der Himmel wird in Fahrtrichtung immer dunkler. Die Wolken bilden Türme, setzten Segel und kommen beängstigend schnell auf mich zu. Radfahrer überholen und fahren in der weit geschwungenen Rechtskurve des Deichs unbeeindruckt in die Gewitterfront. Ich bin etwas kleinmütiger und überlege, wo ich mich unterstellen kann. Immerhin sterben in Europa jährlich hundert Menschen an dieser Art Überdosis Natur. Neunmal so viele werden vom Blitz getroffen und überleben. Allerdings geht es den meisten danach nicht wirklich gut. Das vegetative Nervensystem reagiert ausgesprochen verschnupft auf den Gigaelektroschock.

Auf der Höhe von Keken fängt es an zu schütten. Der Schlipsträger, mit dem ich mich gerade unterhalten habe, flüchtet im Laufschritt in sein Auto. Ich mache es ihm nach. Ausgiebig geduscht, finde ich im Dorf eine überdachte Bushaltestelle. Gepriesen sei der öffentliche Nahverkehr! Es rumst über eine halbe Stunde. Der Regen prasselt auf das Wellblechdach. Nach diesem aufregenden Abenteuer fahre ich weiter Richtung Millingen.

Im Gegensatz zu Emmerich hat sich die Stadt völlig vom Rhein abgeschottet. Hier hatte man irgendwann die ewigen Überflutungen satt und baute einen mächtigen Hochwasserdamm. Ich irre ein bisschen umher und werde schließlich mit dem örtlichen Konsumtempel belohnt. Dort packe ich mir den Rucksack voll und mache mich auf den Rückweg.

Bei Bienen nehme ich mir jetzt die Zeit für Johanna Sebus. Ein Eisentor schließt den stillen Ort um das steinerne Denkmal mit der weißen Rose ab. Kein Geringerer als Goethe widmete dem siebzehnjährige Mädchen wenige Monate nach ihrer Heldentat eine Ballade: *„Der Damm zerreist, das Feld erbraust. Die Fluten spülen, die Fläche saust. Sie setzt die Mutter auf sichres Land... gleich wieder zur Flut gewandt...Noch einmal blickt sie zum Himmel hinauf...Da gähnet und wirbelt der schäumende Schlund und ziehet die Frau mit den Kindern zu Grund...“*. In der Nacht vom zwölften zum dreizehnten Januar 1809 brach hier der Damm. Die Bauerntochter Johanna Sebus rettete ihre Mutter aus den eisigen Fluten. Danach wuchs sie erneut über sich hinaus und stürzte sie sich wieder ins Wassergewühl, um Kinder einer Nachbarin zu retten. Das überlebte sie nicht. *„Sie sollen und müssen gerettet sein!"* ist bis heute ihr von Goethe posthum in den Mund gelegter legendärer Ruf. Er steht auf den Fahnen deutscher Retter in Katastrophengebieten.

Auf der anderen Rheinseite schmiegt sich Elten unter Gewitterwolken an den Hang. Der Emmericher Stadtteil liegt an der alten Handelsstrasse von Köln nach Amsterdam. Heute beginnt hier die Bundesstraße 8, die weitgehend entlang der historischen Via Publica bis Passau an der österreichischen Grenze führt. Der Wald auf dem Hügel hinter Elten war Ende des zweiten Weltkriegs durch Artilleriebeschuss platt gemacht worden. Alle Häuser am Hang wurden unbewohnbar. Jetzt ragt der Kirchturm der St. Martiniuskirche von Hochelten wieder zwischen Baumwipfeln hervor.

Nach dem zweiten Weltkrieg begradigten die Niederländer hier die Grenze zu Lasten der Besiegten. Für Elten hatte das nur Vorteile. Sie genossen niederländische Förderung und auch die Nordrhein-Westfalen pumpten Geld in das Gebiet, weil sie die sogenannten Grenzkorrekturgebiete an sich binden wollten. Im *Algemeen Verdrag* von 1960 zwischen den Niederlanden und der Bundesrepublik wurden diese Gebiete achtzehn Jahre nach Kriegsende zurückgegeben. Wie später bei der Rückgabe des Selfkant nutzten Leute, die wussten, wo das Geld auf der Strasse liegt, die Gunst der Stunde. Der Coup wurde als ‚Eltener Butternacht' bekannt. Den Schmugglern verlangte er keine besondere Raffinesse ab. Sie fuhren mit ihren bis zum Bersten vollgepackten Lastkraftwagen am Abend vor dem Rückgabetermin nach Elten. Auf den Ladeflächen befand sich alles, was in Deutschland begehrt und teuer war. Kaffee, Zigaretten, Butter und selbst Textilien stapelten sich auf den Ladeflächen. Sie hockten sich in die Kneipen und warteten bis Mitternacht. Das Prinzip war denkbar simpel. Zoll bezahlt man an der Grenze, die Grenze ging über die Ware. Wenige Stunden später hatten sie sich bei Bier und Genever *(jenever)* eine goldene Nase verdient.

Seit der Repatriierung liegt Elten wieder in dem schmalen deutschen Streifen, der wie ein Finger auf Zevenaar zeigt. Von den fünftausend Einwohnern sind nicht wenige Niederländer. Im vierten Jahrhundert lebten hier die Chamaven (Hamaländer). Der germanische Stamm ging in den Franken auf. Sie haben in der Landschaft keine Spuren hinterlassen. Dass man sich heute noch an sie erinnert, verdanken sie der Tatsache, dem Hamaland den Namen gegeben zu haben. Hamaland umfasst das westliche Münsterland und die angrenzenden Niederlande. Das Gebiet zwischen Elten und Deventer war für kurze Zeit sogar eine eigenständige Grafschaft. Seit über vierzig Jahren führt die Hamalandroute durch den Landstrich.

Am nächsten Tag habe ich einen Besprechungstermin in Bonn. Ich fahre zurück nach Kleve. Am Ortsanfang befindet sich die Geschäftstelle des deutsch-niederländischen Kommunalverbandes EUREGIO. Der bereits 1958 als erste Europaregion gegründete Verband umfasst eine Fläche von rund 13.000 km². In dem Gebiet leben fast 3,4 Millionen Einwohner. Etwa zwei Drittel der Fläche und der Bevölkerung gehören zum deutschen und ein Drittel zum niederländischen Staatsgebiet. Nach einem netten Plausch mit dessen Pressesprecher und einer kleinen Führung durch das ehemalige Jagdschlösschen – heute Sitz ihrer Geschäftsstelle - verfüge ich mich zum Bahnhof. Hinter Düsseldorf wirft sich zwei Stunden später jemand vor den Zug. Das war's dann mit meinem Termin.

Am Abend erreiche ich Emmerich. Die Brücke habe ich auf elegante Weise ausgespart. Vom Bahnhof fahre ich zum Segelfluggelände im Süden. Nur durch ein schmales Wäldchen aus Weiden getrennt, habe ich dort im Vorjahr einen breiten Sandstrand entdeckt. Leider bin ich nicht der Einzige. Offensichtlich macht hier die Emmericher Jugend Party satt. Darauf lassen jedenfalls die Dosen und Flaschen der einschlägigen Mixgetränke schließen. Hinter einem Lastkahn taucht die Sonne zartrosa ins Wasser. Der zugemüllte Strand wird zum Schattenriss, der das unschöne Stillleben gnädig verhüllt.

Der nächste Tag beginnt sonnig und trocken. Die übliche Klientel defiliert an mir vorbei. Ein Jogger kreuzt meinen Weg zur Badwanne Nordrhein-Westfalens, wo ich mir Wasser ins Gesicht schaufeln will. Seinen lahmen Flokati muss er hinter sich herzerren. Vergnügen findet anderswo statt. Ich begnüge mich mit einem Schokoriegel und fahre zurück in die Stadt. Im Park gegenüber dem Containerhafen ist das Kriegerdenkmal nicht zu übersehen. Es verkündet: *„Das ist ein Mann, der sterben kann, für Gott und Vaterland".* Theweleit hätte seine Freude daran.

Ich verlasse *Emmerek (plattdüütsch)* Richtung Netterden und passiere über eine unscheinbare Brücke die Lebensader der Region. Auf der Bundesautobahn unter mir brummt eine Blechlawine in die Niederlande, die Gegenrichtung ist weniger befahren. Deutschland auf der Flucht? Die Urlaubszeit ist eigentlich vorbei.

Dreizehntausend Kilometer Land unter Beton und Asphalt zählt heute unser Statistisches Bundesamt. Damit haben wir eines der dichtesten Autobahnnetze der Welt. Das haben wir Georg Lebers Bedarfsplan zu verdanken. Als Verkehrsminister der ersten Großen Koalition wollte er freie Fahrt für freie Bürger. Niemand sollte mehr als zwanzig Kilometer zur nächsten Autobahn fahren müssen. Es hätte fast geklappt. Seit sich ein paar wilde Gestalten mit putzigen Sonnenblumen im Bundestag eingenistet haben, ist der naive Wachstumsglaube aller Parteien ins Wanken geraten. Leider nur ins Wanken. Lässt aber hoffen.

Hinter der Autobahnbrücke beginnt das Nachbarland. Die Niederländer sind noch härter drauf. Sie haben sich Europas dichtestes Autobahnnetz zusammengeplant. Das gilt Gott sei Dank auch für ihr Radwegenetz. Eine Stück davon führt mich parallel zur Grenze auf einer einsamen Allee durch ein Meer aus Kuhweiden nach Megchelen. Baumreihen parzellieren das Land und brechen den Wind. Die Siedlungstätigkeit beschränkt sich auf wenige Einzelhöfe. Das Grenzdorf kommt mir bekannt vor. Als ich die Gräber an der Kirche in der Dorfmitte auf einem großen, von zierlichen typisch niederländischen Klinkerhäusern umringten Dorfplatz stehe, erinnere ich mich, dass ich im letzten Jahr schon mal hier war.

Eine ältere Dame quält sich über den menschenleeren Platz, nimmt jedoch keine Notiz von mir. Die Kirche ist offensichtlich noch nicht in einen Supermarkt verwandelt worden. Sonst wäre hier mehr los. Weil auch in vielen niederländischen Kirchen die Bänke immer häufiger unbesetzt bleiben, steht manchmal dort, wo früher gebetet wurde, die Käsetheke. Das ist schon heftig, aber inzwischen fast so etwas wie ein Trend. Der ist nicht neu. Im Mittelalter konnte man es sich nicht leisten, den Aufwand großer und teurer Steingebäude nur für einen Zweck zu betreiben. Mindestens so geschäftstüchtig wie die mittelalterlichen Händler sind die heutigen Immobilienmakler. In Amsterdam gibt es ein Büro, das sich auf *„Kirche sucht Käufer"* spezialisiert hat.

Münsterland
Wo Flachs und Torf das Leben bestimmte

Auf dem Grenzweg fahre ich weiter nach Anholt. Kurz hinter der Grenze folge ich der *„Smogglerroute',* weil das irgendwie nach Abenteuer klingt. Sie endet jedoch – jedenfalls für mich - ganz brav im Hof von Bauer Märteling. Der verkauft nicht nur seine eigenen Würste, sondern auch Kaffe und Kuchen unterm Birnbaum. Das tut er nicht höchstpersönlich, sondern über eine attraktive Verkäuferin, wofür ich ihm sehr dankbar bin. Ich kaufe ihr eine Mettwurst ab und lese einige sehr saftige Birnen auf, die einsam unter dem Baum liegen.

Vor Anholt überquere ich die Issel. Den Wiesen drumherum sieht man es nicht an, aber hier wurde früher Eisenerz gewonnen. Eisenerz! Während an der Sieg Stollen in den Berg getrieben werden mussten, reichte es in diesen Flussauen, sich zu bücken. Man sammelte das Erz einfach zwischen den Grasbüscheln auf. Das war die Rohstoffgewinnungsvariante von *easy gardening* - eine ziemlich umweltfreundliche Diversivizierung des Tagebaus. Ökonomisch gesehen allerdings jenseits von Gut und Böse. Raseneisenerzvorkommen entstehen überall dort, wo eisenhaltiges Grundwasser der Grasnarbe nahe kommt. Schon die Kelten und Germanen haben das Erz verhüttet. Sie brauchten dazu nicht die riesigen Anlagen, die heute als Industriedenkmäler im Ruhrgebiet vor sich hin rosten. Einfache, mit Holzkohle und Erz wechselnd geschichtete Schachtöfen, erfüllten den gleichen Zweck. Jeder konnte sich so ein Ding vor die Tür setzen. Weil die glühende Schlacke unten ‚herausrennt', nannte man sie Rennöfen.

Heute sind die Vorkommen selten. Hier und anderswo wurden die meisten geeigneten Feuchtgebiete längst trockengelegt. Die 1794 zu ihrer kommerziellen Verwertung gegründete Eisenhütte besteht daher heute nur noch als Eisengießerei.

Anholt lag einst im westlichsten Zipfel der preußischen Provinz Westfalen. Mit der *„Verordnung wegen verbesserter Einrichtung der Provinzialbehörden vom 30. April 1815"* fand zum ersten Mal ein großer Teil des heutigen Westfalen zur politischen Einheit. Der Wiener Kongress machte es möglich. Dem katholischen Adel gefiel das weniger. In diesen Kreisen fühlte man sich als sogenannte Musspreussen.

Das Konstrukt der Restauration hielt erstaunlich lange. Die Provinz wurde erst nach dem Zweiten Weltkrieg aufgelöst und in das neue Bundesland integriert. Die Grenzen zu den Niederlanden und den angrenzenden Bundesländern blieben aber im Wesentlichen bis heute erhalten.

Die alte Kulturlandschaft östlich des Rheins ist schon seit der Steinzeit besiedelt - wie viele Landschaften in Mitteleuropa, in denen es sich halbwegs vom Jagen und Sammeln leben ließ. Später machten es sich die Sachsen hier gemütlich. Mit dem Namen *Westfalai* wurden 775 in den Fränkischen Reichsannalen die Sachsen westlich der Weser bezeichnet. ,*Fal(ah)*' bedeutete sowohl ,Feld' wie auch ,flach' - wie die Landschaft hier. Ihr relativ unbeschwertes Leben endete, als sich Karl ihrer annahm. Die gelegentlichen ,Einkaufstouren' bei den fränkischen Nachbarn wurden immer schwieriger. Schon sein Großvater Karl Martell hatte sich mit dem Stamm herumgeschlagen. Für über hundert Jahre wurde der westfälische Raum zum Schlachtfeld. Das Gemetzel endete erst, als der Sachsenfürst Widukind - nicht ganz freiwillig - das Schwert mit dem Kreuz tauschte. Aber dazu später.

Woher aber kamen diese Franken, deren Superstar heute im Kaiserschrein des Aachener Doms liegt? Zum ersten Mal in der Geschichte tauchen sie zweihundert Jahre nach Christus auf. Einige unbedeutende westgermanische Stämme schlossen sich damals zusammen und bestimmten einen gemeinsamen Führer. Die ganze Sache scheint anfangs harmlos ausgesehen zu haben. Eher wie eine Lokalposse. Nichts, was irgendjemanden wirklich beunruhigen musste. Bereits fünfzig Jahre später schafften sie es als *Franci* in die römischen Geschichtsbücher. Besser schlechte Presse als überhaupt keine. Mitte des 3. Jahrhunderts waren sie wer. Das hatten sie starken, umsichtigen, aber auch rücksichtslosen Führern zu verdanken.

Hauptsiedlungsgebiet blieb für lange Zeit der Niederrhein. Dort wohnten sie die meiste Zeit friedlich als Viehzüchter und Ackerbauern in kleinen ländlichen Siedlungen (sogenannten Weilern). Städte kannten sie nicht. Ihr größter Coup gelang ihnen in der Völkerwanderungszeit. Während andere sich auf der Flucht vor den Hunnen die Schuhsolen durchliefen, blieben die Franken, wo sie waren. Statt wegzulaufen machten sie sich dort breit, wo Siedlungsraum frei wurde. Um sich bei der überwiegend christlichen gallorömischen Bevölkerung des heutigen Frankreich enzuschleimen, ließ sich ihr König Chlodwig 495 sogar taufen.

Um 700 entsprach die Grenzlinie zum Siedlungsgebiet der Sachsen etwa der zwischen dem heutigen Rheinland und Westfalen. Bis nach Westfalen kamen sie erst unter Karls Schwert Mit der Unterwerfung der Sachsen wurde das Gebiet zum ersten Mal eine politische Einheit. Dies allerdings als Teil des riesigen Frankenreiches. Diese Keimzelle des heutigen Europa reichte damals von Rom im Süden über Pamplona im Westen, die heutigen Niederlande im Norden sowie Elbe und Donau im Osten.

Hinter Anholt geht das niederrheinische Gebiet in die norddeutsche Tiefebene über. Viel ändert sich nicht. Die Landschaft wechselt zwischen leicht und kaum gewellt. Ich fahre durch parkähnliche Wiesen und Felder nach Dinxperlo. Immer wieder sind kleine Waldstücke eingestreut. Das satt-grüne Münsterland beginnt. Die Münsterländer galten in Levin Schückings Zeiten Mitte des neunzehnten Jahrhunderts als gutmütig, behäbig, fromm und konservativ. Das hat sich bis heute gehalten. Ich konnte zumindest in Erfahrung bringen, dass sie gutmütig und sehr hilfsbereit sind.

Tiefe Einblicke in das Verhältnis zwischen Westfalen und Rheinländern gibt die Droste: „*Honneur aux dames! Ich fange an mit der gnädigen Frau, einem fremden Gewächs auf diesem Boden, wo sie sich mit ihrer südlichen Färbung, dunklen Haaren, dunklen Augen ausnimmt wie eine Burgundertraube, die in einen Pfirsichkorb geraten ist; sie stammt aus einer der wenigen rheinländischen Familien, die man hier für ebenbürtig gelten lässt ...*". Umgekehrt lassen sich die Rheinländer auch nicht lumpen. Kennen Sie den? „*Warum ist es am Rhein so schön?. Weil die Westfalen an anderen Flüssen siedeln.*" In dieses Bild passt das Gerücht, dass zwischen den westfälischen Verbänden der Union und den rheinischen ein Kleinkrieg stattfindet, der kaum noch Zeit für die politischen Gegner lässt.

Kurze Zeit später bin ich schon wieder in den Niederlanden. Vor die beschauliche Kleinstadt Dinxperlo haben die Stadtväter ‚*De Rietstop*' gesetzt. Es ist eines jener austauschbaren Industriegebiete, die mir auf meiner Reise häufiger den Blick in die Landschaft verstellen. In Mitteleuropa werden offensichtlich von der immer gleichen Meisterklasse grässliche Gebilde aus Stahl, Glas und vor allem Beton errichtet. Rücksichtnahme auf regionale Baustile und Materialien ist im Mainstream schon lange megaout.

Der schwedische Architekt Hans Asplund hat für diese Betonorgien vor fünfzig Jahren den Begriff ‚Brutalismus' geprägt. Das Wort stammt vom französischen *Béton brut* ab. Ihr bekanntester Vertreter war Le Corbusier. Manche sprechen noch heute verklärend von ruppigem Charme, wenn sie vor diesen Klötzen aus unkaschiertem Beton stehen. Für mich sieht es einfach nur scheiße aus: unpersönlich, nichtssagend, die Landschaft vergewaltigend.

Die Weiterentwicklung dieses Stils ist der Supermodernismus. Ob eines dieser Gebäude in Shanghai, Dubai oder London steht, kann man nur noch mit Hilfe von Geodaten feststellen. Es ist eine Globalisierung des Grauens, die auf kulturelle regionale Hintergründe verzichtet – um es neutral auszudrücken. Deutlicher hat es der Niederländer Rem Koolhaas ausgedrückt: *„Fuck the Kontext!".*

Ich sehne mich zurück ins Ruhrgebiet, wo noch Industriebauten der 1920er Jahre gut erhalten sind. Die waren eng mit regionalen Schulen wie der Düsseldorfer Kunstgewerbeschule und der Essener Handwerker- und Kunstgewerbeschule verbunden. Nicht alles, was in deren Geist entstand, muss man auch heute noch gut finden. Dennoch würde ich meinen Allerwertesten dafür verwetten, dass diese regionale Industriearchitektur länger leben wird als diese Massenanfertigung vor mir.

In Dinxperlo angekommen suche ich das deutsche Suderwik. Diese Mixstadt finde ich sexy. Wo ist hier der Bürgersteig deutsch, die Straße Niederländisch? Wo verläuft die Grenze mitten durch die Dorfstraße, zum Teil durch einzelne Grundstücke? Als Osthesse bin ich klare Patente gewohnt. Namentlich Grenzbefestigungsanlagen der martialischen Art. Die Zonengrenze hat meine Kindheit geprägt Schulausflüge, beklemmende Besuche nach rigiden Grenzkontrollen bei Verwandten in Jena. Ins Hirn geprägt hat sich mir der Blick über die zerstörte Steinbrücke von Philippsthal nach Varta *(„Einmal Schlitz und zurück – mit dem Rad rund um Hessen")*.

Hier ist alles anders. Zwar ging in dieser Gegend schon seit dem Mittelalter eine Grenze mitten durch besiedeltes Gebiet. Als Grafschaftsgrenze hatte sie für die Bewohner jedoch keine Bedeutung. Was die Paläste an Grenzen zogen, ging dem gemeinen Volk am Allerwertesten vorbei. Grenzsteine wurden hier erst 1766 aufgestellt. Ich irre im Stadtzentrum herum und frage schließlich im Tabakladen am Marktplatz nach. Nein, es sei ihr noch nicht aufgefallen, das es nach Suderwik keine Wegweiser gebe, teilt mir die Inhaberin wohl auch etwas überrascht über mein Etappenziel mit. Später begreife ich, das Dinxperlo das Zentrum ist und Suderwik nicht mehr als dessen Wurmfortsatz. Wer von den etwa achteinhalbtausend Einwohnern sollte schon von Dinxperlo nach Suderwik wollen? Hier tobt zwar auch nicht das Leben, aber hier liegt das Versorgungszentrum mit deutschen und niederländischen Geschäften. Einträchtig nebeneinander, wie es sich für Europa gehört.. Es gibt seit einigen Jahren sogar eine gemeinsame Polizeiwache, untergebracht in einem unscheinbaren Einfamilienhaus. Die war allerdings gerade geschlossen. Beruhigend zu wissen, dass die beiden Staaten meinen, ihre hiesigen Grenzbürger auch einmal unbeaufsichtigt lassen zu können.

Ich verlasse die Kleinstadtidylle. Fröhlich plappernde Mädels kommen mir auf dem breiten Radweg durchs Achterhoek entgegen. Neidvoll sehe ich, wie sie mühelos auf ihren schweren Hollandrädern dahinschweben. Mich hingegen drücken zwanzig Kilo schwer in den Sattel.
Vor Winterswijk finde ich an einem Kanal mein heutiges Nachtlager. Ich baue mein Biwak zwischen Erdhügeln auf, die hier jemand zwischengelagert hat. Es ist die einzige halbwegs trockene Stelle weit und breit. Während ich eine Flasche Riesling bearbeite, kommt ein Angler vorbei. Die Wahrnehmung niederländischer Angler scheint nicht über ihr Hobby hinauszugehen. Wie schon an der Maas stolpert auch er zwar fast über meine Füße, schafft es allerdings, mich zu ignorieren. Kurze Zeit später sorgt der Himmel dafür, dass mein Biotop nicht trocken fällt. Ich verkrieche mich in den Schlafsack. Meine tausendzweihundert Gramm Eiweiß begeben sich umgehend in die Welt der Träume.
Am nächsten Tag ist das Gelände eine Seenplatte. Ich packe das nasse Biwak zusammen. Es trägt nicht zu meinem Vergnügen bei, dass ich dazu im Matsch herumstampfen muss. Da ich nicht auf Schlammpackungen stehe, nehme ich mein kärgliches Frühstück auf der Parkbank des Rastplatzes gegenüber ein. Die ist aus dicken Baumstämmen zusammengezimmert, wie man es eher aus deutschen Mittelgebirgen

kennt. Das Ensemble hat sich mit dem nächtlichen Regenwasser vollgesaugt, als wolle es die Wiedergeburt versuchen. Während ich den untauglichen Versuch eines halbwegs zivilisierten Frühstücks unternehme, hat mein Vergnügen auf einer Messerspitze reichlich Platz. Daher breche ich nach kurzer Zeit auf und fahre nach Winterswijk rein. Über weite Strecken ist die Straße eine holprige Baustelle. Ich komme an den Grundmauern eines Gehöfts aus 1877 vorbei. *„In den olden Bongart"* hat schon bessere Zeiten erlebt. Was es mit den erhaltenen Resten auf sich hat, erklärt mir leider niemand. Selbst Google hatte später nichts Interessantes zu erzählen.

Winterswijk ist von drei Seiten durch den nordrhein-westfälischen Nachbarn umzingelt. Das ist heutzutage eher ein Vorteil. Die Euros der Nachbarn nimmt man in der ausgedehnten Fußgängerzone jedenfalls ohne erkennbaren Groll. Die Stadt liegt schließlich im *Achterhoek.* Man kann den Namen uncharmant auch mit ‚Arsch der Welt' übersetzen. Jedenfalls liegt sie weit weg vom Speckgürtel zwischen Amsterdam und Rotterdam. Jeder Cent ist hier willkommen. Die Innenstadt ist aufgehübscht. Rund um den Marktplatz stehen Gebäude, die den letzten Weltkrieg und die Stadtplaner überlebt haben.

Hinter Winterswijk traue ich meinen Augen nicht. Bei den wohlgeordneten Reihen vor mir handelt es sich mitnichten um eine Obstplantage. Ein Schild stellt klar, dass hier im ‚Wijngaard Hesselink' Wein angebaut wird. Ich verzichte auf eine Verkostung. Im kurzen Spaziergang durch die Reste des Urknalls muss ich meine Leber schonen. Ist also nicht persönlich gemeint, lieber Winzer.

Hinter der Grenze wird aus dem Vredenseweg die Winterswijker Straße. Das folgt einer Logik, der ich mich nicht entziehen kann. Wenige Radlängen später lasse ich Vreden rechts liegen. Noch heute zeigt das Satellitenbild eine Stadt, die sich kreisförmig um den mittelalterlichen Kern in das flache Umland ausgebreitet hat.

Ich verzichte auf den Innenstadtbesuch zugunsten einer Naturlandschaft. Die Strecke zum Zwillbrocker Venn (Moor) zieht sich über zehn Kilometer durch eine sanfte Hügellandschaft. Das Hinweisschild zur Biologischen Station habe ich beinahe übersehen. In dieser Landschaft wurde über Jahrhunderte Torf abgebaut. Schlecht bezahlte Torfstecher gruben sich durch die eintönige und nebelumwaberte Landschaft. Sie hinterließen große Brachflächen. Danach drückte das Grundwasser in die Senken. In den 1930er Jahren entstanden Seen und Teiche. Neben vielen anderen Wasservögeln finden auch Flamingos diesen Lebensraum attraktiv. Weiter in den Norden hat es sie bislang an keinem anderen Ort gezogen. Heute sind sie allerdings nicht zu Hause. Auch die anderen Bewohner machen sich rar. Der Flachwassersee liegt ziemlich verlassen vor mir. Zur Brutzeit tummeln sich hier um die sechzig Vogelarten. Ich bin offensichtlich zur falschen Zeit am richtigen Ort.

Ich fahre parallel zur Grenze weiter nach Lünten. Das Dorf ist kaum größer als ein Weiler. Es entstand aus einem Fronhof. Das waren im Mittelalter Bauernhöfe, auf denen der Gutsherr Arbeit gegen ein Stückchen Pachtland tauschte. Ein Geschäft, mit dem nur der Feudalherr wirklich glücklich werden konnte. Im späten Mittelalter wurde sie durch die weniger ausbeuterische Rentenwirtschaft abgelöst. Herrenland wurde künftig gegen Abgaben verliehen. Der Hörige wurde zum Bauern. Er arbeitete für sich, musste dem Grundherrn lediglich einen Teil seiner Erträge lassen. Das klingt aber besser, als es tatsächlich war. An der wirtschaftlichen Abhängigkeit der Grundbesitzlosen änderte sich rein gar nichts.
Schon lange hat auch die Landwirtschaft in Lünten an Bedeutung verloren. Aus dem Fronhof wurde ein Dorf, das sich kaum von anderen der Gegend unterscheidet. Es gibt hier eine Kirche, davor ein Schleckermarkt und eine Kneipe. Auf der Fläche dazwischen stehen an diesem Samstagnachmittag Menschen, die deutlich besser aussehen, als die Hungerleider des Fronhofs. Lackschuhe, feiner Zwirn und edle Seide bestimmen die Szene. Für das Kontrastprogramm ist wohl der Photograph engagiert worden. Er trägt einen ebenso kackbraunen wie abgetragenen Cordanzug. Sein ganzes Geld steckt wohl in der beeindruckenden Ausrüstung, die wie Baumschmuck an ihm herabhängt. Hier soll offensichtlich geheiratet werden. Im Bilderrätsel fehlt allerdings das Brautpaar. Ich verlasse die Bühne, ehe es auftaucht.
Hinter Lünten fahre ich auf der Gronauer Straße weiter. Sie folgt dem ‚Hessenweg', der seit Jahrhunderten Münster und Deventer verbindet. Gronau liegt in der Dinkelniederung. Udo Lindenberg ist hier aufgewachsen. Bereits mit fünfzehn floh er aus dem Kleinstadtmief und ging nach Düsseldorf. Im reiferen Alter erinnerte er sich seiner Heimatstadt und initiierte ein Rock-n-PopMuseum. Während ich den Platz davor

inspiziere, verirrt sich nicht ein Besucher dorthin. Schade. Der Mathias-van-Delden-Platz davor ist von gepflegter Trostlosigkeit und ganz bestimmt kein besonders schutzwürdiges Stadtbild. Über der Betondecke dümpeln Wasserspiele vor sich hin, als hätten sie Schlafmittel genommen. Etwas verloren langweilen sich einige Bäume in der Betonwüste. Umringt wird die Einöde von Backsteinbauten, die der Tristesse missmutig aus besseren Zeiten zuschauen. Die Kernfrage der Industriearchitektur, wie kleidet man eine Fabrik ein, ist im vorletzten Jahrhundert mit deutlich mehr Sinn für Ästhetik gelöst worden.

Das ehemalige Brachgelände in Wurfweite zur Fußgängerzone gehörte dem gleichnamigen Textilunternehmen, die Gebäude drumherum auch. In Lindenbergs Rockmuseum wurde früher der Dampf für die Textilherstellung der Firma van Delden erzeugt. Die ging 1982 in Konkurs. Gronau und das Westmünsterland stürzten danach in eine tiefe Krise. Über ein Jahrhundert hatte die Textilindustrie die Leute hier ernährt. Bis zu neunzig Prozent der Industriearbeitsplätze stellte sie. Der Aufschwung kam mit den Eisenbahnlinien nach Münster, Dortmund und Enschede im Jahr 1875. Davor gab es hier überwiegend Hollandgänger. Das waren Wanderarbeiter, die in sich in den heutigen Niederlanden unter anderem als Grasmäher verdingten. Nach dem Ende der Textilwirtschaft wuchsen die Arbeitslosenquoten auf Werte, wie sie heute nur in Gelsenkirchen, Duisburg oder in einigen ostdeutschen Landkreisen erreicht werden. Heute liegt die Quote - auch dank erheblicher Fördermaßnahmen - im Landesdurchschnitt. Das Geld kam aus Brüssel, Niedersachsen, der benachbarten Provinz Overijssel und dem Landeswirtschaftsministerium. Anlass war die erste grenzüberschreitende Landesgartenschau, die in Gronau und dem benachbarten niederländischen Losser stattfand.

Wehmütig bin ich nicht, als ich die Stadt wieder verlasse. Wo sie endet, wäre kaum auszumachen, gäbe es nicht die zivilisierte Gepflogenheit, Ortsschilder aufzustellen. Gronau wuchert über seine Grenzen hinaus - mit einer endlosen Ansammlung von gesichtslosen Gewerbehallen und Bürogebäuden.

Die Straße nach Ochtrup ist stark befahren, hat aber einen Radweg. Ochtrup macht zunächst einen eher dörflichen Eindruck. Im Osten fahre ich dann wieder durch ein nicht enden wollendes Industriegebiet.

Dahinter taucht der erste Wegweiser nach Rheine auf. Ich beschließe, über Haddorf zu fahren, weil das an der Grenze zu Niedersachsen liegt. Das Bundesland verdankt seine Entstehung der Verordnung Nr. 46 der britischen Militärregierung vom 23.August 1946 *„Betreffend die Auflösung der Provinzen des ehemaligen Landes Preußen in der Britischen Zone und ihre Neubildung als selbständige Länder."* Name und Wappen des neuen Landes erinnern an den Volksstamm der Sachsen, die Karl der Große blutig unterworfen hat.

Bei Haddorf ist auf meiner Karte ein vielversprechender kleiner See eingezeichnet. Wie die ersten Siedler bevorzuge ich Ufer, wenn ich mein müdes Haupt zur Ruhe bette. Kommt zum Ufer noch ein Campingplatz, ist mein Glück perfekt. Endlich angekommen erwartet mich Dauercamperidylle. Hinter der Schranke stehen die Wohnmobile und Caravans in Reih und Glied. Ohne Vorzelt, Gerätehäuschen und Gartenzwergensemble läuft hier nichts. Dazwischen bemühen sich Geranien um etwas Farbe in der Rentnertristesse. Zufahrtswege zerschneiden das Terrain in ordentliche Parzellen. Deren Gras wird einmal täglich geschnitten. Wetten dass? Dies ist nicht meine Welt. Aber gegen eine warme Dusche habe ich nichts einzuwenden.

Ich baue das Zelt auf. Ein Fehler, wie ich später bemerke. Danach stehe ich vor verschlossener Dusche. Wer zu spät kommt, den bestraft die Lagerleitung. Ich verkrümele mich für den Rest des Abends auf eine Bank am Ufer und schaue der Sonne beim untergehen zu. Ein friedliches Bild, leider ist der Ton nicht abzustellen. Dafür, dass sie später meine Rente bezahlen müssen, dürfen die Kleinen ruhig noch ein bisschen rumtollen. Als sie schließlich müde werden, ist mein Glück vollkommen. Am nächsten Morgen kann ich endlich duschen. Bademäntel kommen mir entgegen. Könnte schlimmer kommen.

Leider kann ich die Dusche nicht mitnehmen. Schweren Herzens nehme ich von ihr Abschied und radele dem nächsten Abenteuer entgegen. Das entpuppt sich als Station achtzehn des Rheiner Geschichtspfades. Die Schautafel weist darauf hin, dass hier im Mittelalter eine Entenfalle stand. Das waren ganz fiese Vorrichtungen. Sie bestanden aus einem künstlich angelegten Teich, auf dem Holzenten schwammen. Vorbeiziehende echte Artgenossen kamen dann auf ein Schwätzchen vorbei. Das war ihr letzter Fehler. Der Teich endete in Reusen. In denen endeten die Enten. Sie wurden ‚gekringelt', der Reusenwärter drehte ihnen den Hals um. Ausgedacht haben sich das trickreiche System unsere Nachbarn, als ihnen der ewige Gouda aus den Ohren kam.

Mit der Bauernschaft Wadelheim erreiche ich das Stadtgebiet von Rheine. Dem Namen nach bestand der Ort einst aus wenigen Bauernhöfen in einer gerodeten Waldlichtung. Längst war er darüber hinausgewachsen. Der Wald ist längst verschwunden. Grünflächen, die vermutlich einer wöchentlichen Rasenmäherorgie ausgesetzt sind, bestimmen das Ortsbild. In dem fehlt auch das unvermeidliche Kriegerdenkmal nicht. Zwei Jahre nach der Machtübernahme der Nazis wurde es *„Unseren gefallenen Helden"* gestiftet. Wenige Kilometer später steht oben auf dem Hügel stonehengemäßig die Hühnenborg auf dem Thierberg und erinnert ebenfalls an die Toten des ersten Weltkriegs.

Die Grenzstadt Rheine liegt in der nördlichen Spitze des Münsterlandes. Angesichts der eher überschaubaren Größe der Ems bot es sich an, rein siedlungstechnisch beide Ufer zu nutzen. Ihr Bett liegt hier ziemlich tief, wirklich bedrohliche Hochwasser sind bis heute selten. Allerdings stand die Stadt kurz nach dem zweiten Weltkrieg fast vollständig unter Wasser.

Der Radweg in die Stadtmitte führt am Bahnhof vorbei und endet vor dem Rathaus, wo die Fußgängerzone beginnt. Das Gebäude ist überwiegend in dezentem kackbraun gehalten, ganz nach dem Geschmack der Siebziger. Wer hier ankommt, möchte wieder gehen. Ich lasse mich nicht abschrecken und werde dafür reichlich belohnt. Auf der gegenüberliegenden Seite der Innenstadt liegt der Falkenhof. Hier begann die Stadtgeschichte. Und wieder treffen wir auf Karl den Großen. Um seine Besatzungs- und Christianisierungspolitik durchzusetzen, musste er wehrhafte Hot Spots im Siedlungsraum der Sachsen schaffen. Dabei bot sich der kleine Hügel über der Ems an. Unter ihm verliefen die weit und breit einzige Furt und zwei Fernwege, die für den Handel der Küstenstädte mit dem Binnenland wichtig waren. Nach seinem Tod verschenkte Karls superfrommer Sohn Louis le Pieux die *Villa Reni* an das Benediktinerkloster Herford. Gegen Ende des Mittelalters erwarb ein gewisser von Valke den Hof und gab ihm bis heute seinen Namen. Seit 1963 ist der Gebäudekomplex kultureller Mittelpunkt der Stadt. Also: vergessen wir das Rathaus.

Ich schiebe mein Rad weiter durch die Fußgängerzone, bis ich am Marktplatz vor einem Fachwerkhaus stehe. Dessen Tafel teilt mir mit, dass es 1649 errichtet wurde. So what, denke ich. Mit Jahreszahlen habe ich es nicht so. Es ist jedenfalls ein weiteres bauliches Highlight der Stadt, das für die reichlichen Bausünden halbwegs entschädigt.

Das Haus war Teil der Wiedergeburt der Stadt. Es wurde errichtet, nachdem schwedische Truppen zwei Jahre zuvor die Stadt in Brand geschossen hatten. Eine der letzten Gräueltaten des Dreißigjährigen Krieges. Ein Jahr später wurde der Westfälische Frieden geschlossen. Die Stadt wurde schon einmal zu Beginn des Krieges plattgemacht. Das hatten die Rheinenser einem Besuch des Feldherrn Johann t'Serclaes von Tilly zu verdanken. Er lagerte hier in den Emsauen mit seiner Armee. Als der Feldherr der katholischen Liga abzog, war *„nicht ein Zaunstacken"* ganz geblieben.

Von Tilly trennen mich mehrere Jahrhunderte. Und das ist gut so. Geschäftiges Treiben bestimmt den Platz vor mir. Es sind Gott sei Dank keine plündernden Landsknechte. Heute ist Markttag. Kräuterdüfte, reifer Käse und andere verlockende Gerüche aktivieren meine Magensäfte. Leider sind alle Standbetreiber schon geschäftig dabei, den Feierabend einzuleiten. Mich überkommt ersatzweise das Bedürfnis nach weniger Kulinarischem. Das werde ich später bereuen. Die Bratwurst wird mich bis zum späten Nachmittag beschäftigen.

Teutoburger Wald
Die Falle für Varus stand anderswo

Hinter Rheine baut sich der Teutoburger Wald vor mir auf. Hartnäckig hält sich das Gerücht, die Varus-Schlacht habe in einem der Täler dieses schmalen Höhenrückens stattgefunden. Dem Gründungsmythos der deutschen Nation ist man jedoch gut vierzig Kilometer nördlich am Kalkrieser Berg bedeutend näher.

Die Schlacht bereitete der römischen Expansionspolitik ein Ende. Drei Legionen kämpften sich neun Jahre nach der Zeitenwende bei Regen durch den dunklen Wald. Drei Tage später war die Legende von den unbesiegbaren Römern Geschichte. Bei Cassius Dio Cocceianus klingt das Gemetzel so: *„Daher schlossen sie die Römer mühelos ein und machten sie nieder, so dass Varus und die angesehensten aus Furcht, gefangen genommen oder getötet zu werden – denn verwundet waren sie schon – sich zu einer furchtbaren, aber notwendigen Tat entschlossen. Sie töteten sich selbst."*

Sehr viel später wurde der Cheruskerfürst zum Star der nationalistischen Szene. Bereits im sechzehnten Jahrhundert verehrte Ulrich von Hutten den siegreichen Arminius als Vaterlandsverteidiger. Arminius wer? Der Cherusker hat lange Zeit als Geisel bei den Römern gelebt. Die Römer hatten gute Erfahrungen damit gemacht, die kleinen Prinzen unterworfener Stämme mit nach Rom zu nehmen. Dort bekamen sie eine Ausbildung im unterjochen fremder Völker und irgendwann sogar das Bürgerrecht. .Im achtzehnten Jahrhundert wurde der Römername Arminius zu Hermann eingedeutscht. Das klang zu jener Zeit einfach besser.

Der deutsche Romantiker Schlegel schrieb über ihn: *„Du, Hermann, hast gewählt, wie große Herzen wählen / Und liebtest mehr, als dich, die Freyheit deutscher Seelen.".* Auch Kleist konnte sich der Heldenverehrung nicht entziehen und schrieb das vaterländische Drama *„Hermannsschlacht".* Es konnte es nicht ausbleiben, dass die Nazis das *„Freiheitsschauspiel von der Einigkeit und Macht der deutschen Stämme"* ideologisch vereinnahmten.

Der Düsseldorfer Heinrich Heine zog das Gewese um Arminius allerdings bereits hundert Jahre zuvor in seinem ‚Wintermärchen' herzerfrischend durch den Kakao: *„Das ist der Teutoburger Wald, / Den Tacitus beschrieben, / Das ist der klassische Morast, / Wo Varus steckengeblieben. /*

Hier schlug ihn der Cheruskerfürst, / Der Hermann, der edle Recke, / Die deut-
sche Nationalität, / Die siegte in diesem Drecke. "

Natürlich war der Cheruskerfürst auch für Bildhauer ein Thema. Besonders für jene, die in einer Deutschen Nation eher befreiendes als
bezwingendes sahen - Befreiung vom Terror der Despoten in den
Kleinstaaten. Der Bildhauer Ernst von Brandel war einer davon. Im
südlichen Teil des Teutoburger Waldes hat er dem Cheruskerfürsten
im neunzehnten Jahrhundert ein Denkmal gesetzt. Es war sein Lebenswerk. Jahrelang campierte er an der Baustelle.
Das Schwert trägt die Inschrift *„Deutschlands Einigkeit meine Stärke, meine*
Stärke Deutschlands Macht.". Das ist allerdings dreiste Geschichtsklitte-
rung. Die Germanenstämme zogen sich damals mit großer Innbrunst
gegenseitig das Fell über die Ohren. Den Mythos vom gemeinsamen
Volk haben wir römischen Frontoffizieren wie Caesar zu verdanken.
Denen passte es gut in den Kram, wenn der Gegner in der Heimat beinahe unbezwingbar erschien.

Wie dem auch immer sei. Von der Varus-Schlacht bis zur Deutschen
Reichsgründung 1971 war es noch ein langer Weg. Die Idee eines
Deutschen Nationalstaats kam erst tausendfünfhundert Jahre nach der
Schlacht auf. Es dauerte noch weitere dreihundert Jahre, bis sie ihren
Weg aus elitären Kreisen zum gemeinen Volk fand. Dann ging's aber
heftig zur Sache. Vaterlandsliebe wurde zum Modebegriff, vaterländische Gesinnung zur Pflicht. Patriotische Gesellschaften schossen aus
dem Boden. Sie pflegten Traditionen und Werte einer Nation, die nur
virtuell existierte. Friedrich Carl Freiherr von Moser schrieb 1765: *„Wir*
sind Ein Volk von Einem Namen und Sprache, unter einem gemeinsamen Ober-
haupt, an innerer Kraft und Stärke das erste Reich in Europa, dessen Königskro-
nen auf deutschen Häuptern glänzen, doch so, wie wir sind, sind wir schon Jahrhun-
derte hindurch ein Rätsel politischer Verfassung, ein Raub der Nachbarn, ein Ge-
genstand politischer Spöttereien, uneinig unter uns selbst, unempfindlich gegen die
Ehre unseres Namens, ein großes und gleichwohl verachtetes, ein in der Möglichkeit
glückliches, in der Tat aber sehr bedauernswürdiges Volk. "

Zurück zur Gegenwart. Ich fahre am Dortmund-Ems-Kanal weiter
Richtung Südosten. Auf der anderen Kanalseite begleitet mich der Teu-

toburger Wald. In seinen waldreichen Hängen tauchen immer wieder Narben auf. Hier gruben sich Menschen ins Gebirge, um ein bisschen Wohlstand zu schaffen. Bis heute wird in der Gegend Sand- und Kalkstein abgebaut, früher sogar Kohle. Die Arbeit in den Tecklenburger Sandsteinbrüchen bei Ibbenbüren erlebte ihre Blüte, als mit dem Bau des Kanals begonnen wurde. Zwischen 1890 und 1900 waren in den Steinbrüchen über 1000 Arbeiter beschäftigt. Der Kanalbau brachte der Region für kurze Zeit einen bescheidenen Wohlstand.

Bei Birgte ist für heute Schluss. Ich baue mein Biwak auf eine schmale Grasfläche zwischen Acker und Kanal. Danach schleppe ich mich mit einer Flasche Riesling über den Damm, der nur an wenigen Stellen von Lupinen etwas aufgelockert wird. Der Himmel hat sich zugezogen. Novembertristesse macht sich breit. Es sieht nach Landregen aus. Die saure Plörre aus dem Discounter hebt meine Stimmung nicht. Die Dörenther Klippen gegenüber sind kaum zu erkennen. Auch der Kanal bietet kaum Abwechslung. Nur selten kommt ein Schiff vorbei. Das Wasser ist trübe und grünlich, die Sicht beträgt weniger als einen halben Meter. Vor mir liegt die Karte, daneben meine Karlsbiographie, mit dem ich nicht recht vorankomme, weil ich abends viel zu müde bin. Ich rauche, trinke, rauche. Ein Ausflugdampfer schipperte vorbei. Die offensichtlich reichlich angenüchterten Gäste prosten mir zu. Kurzzeitig hellt sich meine Stimmung auf. Auch einige Lastschiffer grüßen. Pfeiferauchend und mit sich im Reinen sitzt einer in seiner Kajüte und hebt die Hand lässig zum Gruß. Nach Sonnenuntergang habe ich endlich die nötige Bettschwere und verfüge mich in meinen Schlafsack.

Am nächsten Morgen baue ich mein Biwak ab, ehe mich der angekündigte Dauerregen erreicht. Entkommen kann ich ihm kaum. Immerhin vermeide ich auf diese Weise ein Frühstück unter rustikalen Bedingungen. Der Himmel ist schon am frühen Vormittag so dunkelgrau, dass die Laternen brennen würden. Nur gibt es hier keine - im Gegensatz zum Julianakanal. Spart ein hundertstel Atomkraftwerk. Immerhin.

Gegen neun beginnt der Landregen. Es ist ein feiner, alles durchdringender Nieselregen. Er wird mich bis zum Abend begleiten. Damit es mir nicht langweilig wird, kommen später in unregelmäßigen Abständen wolkenbruchartige Schauer hinzu. Bereits in Brochterbeck weicht er einem halbstündigen heftigen Platzregen. Ich stelle mich unter die Bäume am Rand des Dorfteichs.

Ruft da nicht die Droste? *„Zu stelzen mit den Gummischuhen, bei Gott, heißt das Spazieren gehen? Natur, wer auf dem Haberrohr, in Jamben, Stanzen, süßen Phrasen, so manches Loblied dir geblasen, dem stell dich auch manierlich vor!"*. Die streitbare Adelige wurde Anfang 1797 auf Schloss Hülshoff bei Münster geboren. Als sie sich in ihrer zweiten Kreativitätsphase von der geistigen Enge des biedermeierlichen Zeitgeschmacks löste, widmete sich die Frau auf dem guten alten 20-DM-Schein ihrer Heimat Westfalen. ‚Die Judenbuche' ist eines der ersten Werke aus dieser Periode. Die Novelle ist allerdings mehr als *„Ein Sittengemälde aus dem gebirgichten Westfalen"*. Der Untertitel stapelt tief. Die Novelle ist zugleich Kriminal- und Milieustudie, vor allem aber ein Psychogramm, das die Wahrnehmung von Wirklichkeit fast schon grundsätzlich in Frage stellt: *„Wo ist die Hand so zart, dass ohne Irren / Sie sondern mag beschränkten Hirnes Wirren, / So fest, dass ohne Zittern sie den Stein / mag schleudern auf ein arm verkümmert Sein? / Wer wagt es, eitlen Blutes Drang zu messen, / zu wägen jedes Wort, das unvergessen / In junge Brust die zähen Wurzeln trieb, / des Vorurteils geheimen Seelendieb? / Du Glücklicher, geboren und gehegt / Im lichten Raum, von frommer Hand gepflegt, / Leg hin die Waagschal, nimmer dir erlaubt! / Lass ruhn den Stein – er trifft dein eignes Haupt!"*

Kein Zeitgenosse hätte geglaubt, dass das Werk der zierlichen Frau die Jahrhunderte eher überdauern würde, als das ihrer damals weitaus angeseheneren männlichen Kollegen. Wer war noch mal dieser – wie hieß er noch gleich? - Levin Schücking? Mit dem Nachruhm ist es eben so eine Sache. Durch das Sieb der Jahrhunderte fällt mancher Gockel - gewogen und für zu leicht befunden. Fabulierlust und romantische Verwicklungen sind nach Hedwig Courths-Mahler etwas in Verruf geraten und so ereilte ihn die Höchststrafe: ab in den Keller, den selbst verzweifelte Doktoranten nur selten besuchen.

Allerdings hat die Droste auch Schwein gehabt. Als kurz nach der Reichsgründung der Kulturkampf tobte, suchte Deutschland seinen ersten Superstar. Versehen mit den Attributen ‚katholisch' und ‚westfälisch' wurde sie kurzerhand zur *„größten deutschen Dichterin"* erklärt, was wissenschaftliche Untersuchungen nach sich zog und ihr später einen prominenten Platz in der deutschen Literaturgeschichtsschreibung einbrachte.

Der Dauerregen pisst mir ins Gemüt. Ich bin grad nicht auf der Butterseite des Universums. Bei Wechte habe ich bereits Schwimmhäute und fühle mich wie Lucky Luke, *"I'm a poor lonesome cowboy ... far away from home."* Wie der kleine Cowboy trotze ich tapfer Wind und Wetter. Es ist deutlich kühler als am Vortag. Dennoch folge ich dem Hinweisschild auf ein Megalith-Grab. Schließlich bin ich nicht nur zum Vergnügen hier, oder? Zweitausend vor unserer Zeitrechnung entstanden, wurde es sechs Jahre vor der Machtübernahme der Nazis ausgegraben. So richtig anfangen konnten die neuen Herren mit dem ausgegrabenen Geröll allerdings nichts. Es passte nicht in ihre Verklärung des Germanischen. Die war ohnehin schon mühsam genug mit zusammenphantasierten Algorithmen extrapoliert. Man reibt sich heute die Augen, dass die gequirlte Scheiße von Adolf Nazi jemals soviel Macht über Millionen haben konnte. Als Schulaufsatz wäre „Mein Kampf" durchgefallen.

In Lengerich kann ich mich nur mühsam beherrschen. Der Duschtag ist inzwischen reichlich fortgeschritten und meine Selbstbeherrschung hart am Limit. Es locken die Fremdenzimmer und Hotels mit trockenem Federbett, Dusche und dekadentem Fernseher. Ein frisch gezapftes Bierchen käme mir auch nicht ungelegen. Heroisch widerstehe ich dem Ruf, um den meinen nicht zu verlieren. Wahrzeichen des Ortes ist der ‚Römer', ein Torhaus aus dem 13. Jahrhundert, das mit dem Imperium wenig zu tun hat. Woher die Bezeichnung tatsächlich kommt, finde ich auch später nicht heraus.

Die evangelische Stadtkirche nebenan ist die Urkirche des nordwestfälischen Raums. Ihre ersten Steine wurden bereits zur Zeit der Kaiserkrönung Karls gesetzt. Nachhaltig war die Missionierung nicht. Dass man ihnen einen Steinbau vor die Nase setzte und den zur neuen Kultstätte erklärte, beeindruckte die Sachsen nur mäßig. Noch zweihundert Jahre später klagte der Iburger Abt Norbert über deren heidnisches Wesen. Half aber nicht. Im 18. Jahrhundert hielten sie hier immer noch an heidnischen Bräuchen fest. Verbürgt ist, dass der Dissener Pastor Caspar Braunes 1717 die Osterfeuer verdammte - ein Brauch übrigens, der sich in vielen Gegenden Deutschlands bis heute erhalten hat.

Auf Osterfeuer kann ich aktuell verzichten, gegen ein Lagerfeuer hätte ich aber nichts. Zu viele nasskalte Kilometer später ist eine Bushaltestelle meine Rettung. Bei Sentrup verpisse ich mich auf der Flucht vor dem letzten Starkregen des Tages in ein zugiges Wartehäuschen. Kein Fünfsternehotel, aber immerhin ein Dach über dem Kopf. Ich bin bescheiden geworden. Dennoch richte ich mich häuslich ein und hänge einige Sachen zum Trocknen auf. Wo? Wer sag denn, dass man mit dem Rad nur fahren kann? Die vorbeifahrenden Autofahrer mustern mein Kunstwerk kritisch. Das, was sie sehen, entspricht nicht dem, was sie erwarten. Klar, dass sie das erstmal verdauen müssen. Der Regen hört nicht auf. Ich habe ihn satt. Scheiß Wasser. Anderswo vertrocknet das Getreide, doch ausgerechnet über mir kübelt es runter!

Inzwischen ist es zu spät geworden, um weiterzufahren. Ich schlage in einer Regenpause mein Biwak im gegenüberliegenden Wäldchen auf. Dickes, schmieriges, im Licht einzelner Strahlen der untergehenden Sonne grellgrün aufleuchtendes Moos bedeckt die vermodernden Baumstämme. Der Trampelpfad führt direkt zu der Art öffentlicher Toilette, wie man sie an stark befahrenen Straßen oft findet. Von den Bäumen kommt bei jedem Windstoß eine Dusche. Dennoch beschließe ich, dass das Glas halbvoll und nicht halbleer ist. Ich hätte es auch schlimmer treffen können.

Am Abend hört der Regen auf. Der Doppelregenbogen über dem Teutoburger Wald entschädigt mich für den Wasserwandertag. Als es dunkel wird, rolle ich mich in den Schlafsack. Am nächsten Morgen scheint die Sonne, als ob nichts gewesen ist. Heute will ich über den schmalen Kamm des Teutoburger Waldes. Eigentlich sind es drei Kämme. Nur der mittlere ist nicht von Durchbruchstälern zerschnitten – und damit für Radler das eigentliche Problem. Noch aber trödele ich gemütlich am Südhang entlang. Das bringt einen kurzen Ausflug nach Niedersachsen mit sich, dessen Landesgrenze auf wenigen Kilometern über den Teutoburger Wald schwappt. Auf dieser Strecke komme ich durch Dissen. Der Ort wurde im Jahr 822 erstmals urkundlich erwähnt, als Ludwig der Fromme den Meierhof in Dissen an den Bischof von Osnabrück abtrat. Der Gutshof wurde auf Befehl seines Vaters während der Sachsenfeldzüge errichtet. Er ist nicht der einzige geblieben. Ehe Karl zu seinem Spanienfeldzug aufbrach, um dort das christliche Abendland gegen die Mauren zu verteidigen, ließ er im unruhigen Land der Sachsen Wehrhöfe errichten. Auf die bereits mehrfach gebrochenen Friedensverträge und Unterwerfungserklärungen wollte er sich nicht verlassen. Die Meierhöfe (*maiores villae)* wurden mit Meiern bestückt – Auge,

Ohr und Schwert seiner Majestät. Viel gebracht hat die Aktion nicht. Wenn die Katze aus dem Haus ist, tanzen die Mäuse auf dem Tisch Dagegen ist kein Kraut gewachsen.

Den Meierhof gibt es nicht mehr. Weihnachten 1627 quartierte sich Johann t'Serclaes Graf von Tilly im Meierhof von Dissen ein. Aus welchen Gründen auch immer: just während der Anwesenheit des religiösen Eiferers ging der Hof in Flammen auf. Das an dieser Stelle wenig später errichtete Gebäude wurde immer wieder umgebaut und dient seit 1937 als Rathaus.

Nicht weit davon entfernt – allerdings ist hier nichts weit voneinander entfernt – schlendere ich durch den Homann-Park. Sehr zentral gelegen erinnert der Park nicht nur mit seinem Namen sondern auch einer unbescheidenen Gedenkstätte an die die lokale Dynastie der Homanns. Noch heute stellen die Erben von Kommerzialrat Fritz Homann in Dissen Lebensmittel industriell her, aktuell Margarine und Fischfeinkost. Der Gründer ist bereits vor dem Zweiten Weltkrieg gestorben. Daher hat er im Gegensatz zu mir keine Chance, das Harz-Vier-Stilleben vor seinem Denkmal zu bewundern. Alt wird man am immer breiter werdenden Rand der Gesellschaft nicht, sagt Herr Lauterbach von der sozialdemokratischen Partei. Der Kommerzialrat schaffte es aber auch nicht ins Greisenalter. Er wurde grade Mal fünfzig.

Hinter Dissen beende ich meinen kurzen Ausflug ins Nachbarland. Hier beginnt Ostwestfalen, das sich halbmondförmig um den ehemaligen Freistaat Lippe legt und bis zur Weser reicht. In der sanft gewellten Hügellandschaft entlang des Teutoburger Waldes gibt es immer wieder Panoramablicke. Einige Kilometer weiter bin ich in Halle/Westfalen: Von der Stadt kenne ich bisher nur den Bahnhof. Immer, wenn ich hier durchfuhr, dachte ich die Schwester an der Saale. Auch die war vor der Zeit von Plaste und Elaste bereits Hansestadt und brachte es durch die Salzvorkommen auf einen beachtlichen Wohlstand. Halle/Westfalen hingegen war nie ein Ort, wo viel Geld gemacht wurde. Solides Fachwerk statt massiver Steinhäuser steht hier rund um Kirche und Amtsgericht.

In der Fußgängerzone ist selbst um die Mittagszeit wenig los. Eine Anwältin rollt ihre Robe zusammen und steigt in einen Kleinwagen. Viel ist hier offensichtlich auch für die Gilde der Rechtskundigen nicht zu verdienen. Kinder kommen von der Schule nach Hause. Im Chemiedreieck waren die Lebensbedingungen so schlecht wie im Ruhrgebiet der industriellen Revolution. Heute ist es Sitz des Umweltbundesamtes. Von solcher Bedeutung ist Halle/Westfalen weit entfernt. Das westfälische Halle punktet mit dem Reiz der Beschaulichkeit. Friedfertig war man hier allerdings nicht zu jeder Zeit. Vor dem Amtsgericht steht ein Kriegerdenkmal. Es wurde 1898 mit Spenden errichtet. Ein Fahnenträger in der Feldwebeluniform eines westfälischen Infanterieregiments im Deutsch-Französischen Krieg von 1870/71 steht auf einem steinernen Podest im Schatten. Die örtliche Kirchengemeinde hat das Denkmal aus Spenden finanziert und *„Ihren in den siegreichen Feldzügen 1866 und 1870/71 gefallenen Söhnen in Dankbarkeit"* gewidmet. Im ersten Weltkrieg Gefallene hatte man später ebenfalls hier verewigt. Das sparte Kosten und Platz.

Ein anderes Denkmal liegt mir entschieden zu weit oben am Hang. Es ist das für Walther von der Vogelweide. Was der bedeutendste Lyriker des Mittelalters mit Halle/Westfalen zu tun haben könnte, wird mir auch später nach intensiver Recherche nicht klarer. Ohnehin ist wenig von ihm überliefert. Das betrifft sowohl sein Leben wie auch sein Werk. Magere neunzig Lieder und hundertfünfzig Sprüche sind erhalten. Ich einige mich mit mir darauf, dass die Hallenser dem Niederösterreicher einfach mangels eigener Persönlichkeiten ein Denkmal gesetzt haben. Why not?

Um das Denkmal am Hang kann ich mich zwar herumdrücken, um den Hang nicht. Eine Vorstadtstraße führt mich nach steilem Anstieg hinein in grüne Wiesen, die eine spektakuläre Fernsicht über die Emssandebene bieten. Bereits nach wenigen Kilometern blicke ich vom Nordosthang des Teutoburger Waldes auf Werter. Vor mir liegt Widukinds Land. Der Sachsenherzog machte Karl noch zu einem Zeitpunkt Schwierigkeiten, als der gar nicht mehr damit rechnete. Viele der potentiellen Nordrhein-Westfalen und Niedersachsen fanden sich deportiert an Maas und Seine wieder, wo sich ihre Gene nicht nur mit den fränkischen sondern auch mit den gallorömischen gut vermischt haben. Auch das letzte Widerstandsnest hatte er geschleift, die Eresburg auf einem Tafelberg beim heutigen Obermarsberg. Nun sollte Friede einkehren. Doch Karl hatte die Rechnung ohne Widukind gemacht. Der Sachsenherzog wurde zu Karls letztem Gegenspieler von Bedeutung. Heute hätte Karl leichtes Spiel mit ihm gehabt. Von den dichten Wäldern, in denen das ‚Waldkind' den Partisanenkrieg gegen die fränkischen Eroberer führte, sind nur kleine Inseln geblieben. Widukind nutzte Karls Spanienausflug für einen Gegenschlag. Er vertrieb Missionare wie fränkische Besatzer aus Westfalen und besaß sogar die Frechheit, ins Rheinland einzufallen. Es begann ein zermürbender Kleinkrieg. Westfalen wurde zu Karls Afghanistan.

Als die Sachsen fünf Jahre später immer noch so stark waren, ein Heer Karls des Großen zu vernichten und zwei seiner höchsten Beamten zu töten, soll Karls Reaktion gnadenlos gewesen sein. An der Mündung der Aller in die Weser ließ er – folgt man den Reichsannalen - viereinhalbtausend Sachsen köpfen. Tagelang soll die Aller rot geflossen sein. *„Die Weltgeschichte ist eine Blutspur"* hat der Jurist und Hobbyhistoriker Herbert Rosendorfer geschrieben. Nur Narren würden das leugnen. Schon die antiken Helden Hannibal und Alexander wateten im Blut. Tausende ihrer Söldner verloren in einer einzigen Schlacht ihr Leben. Roms Krieger sollen auch ziemlich raue Burschen gewesen sein. Und der Religionsgründer Mohammed hat die Schlacht von Badr auch nicht durch seine Wortgewalt gewonnen. Warum sollte ausgerechnet Karl die große Ausnahme und Lichtgestalt sein? Immerhin, sein Biograph, der Mönch Einhard von Gandersheim, sah die Sachsenkriege als jahrzehntelanges Gemetzel:*„Der Krieg gegen die Sachsen ist der langwierigste und grausamste und für das Frankenvolk anstrengendste, den es je geführt hat. Denn die Sachsen, die wie fast alle Völker auf dem Boden Germaniens wild von Natur, dem Götzendienst ergeben und gegen unsere Religion feindselig waren, hielten es nicht für unehrenhaft, göttliches und menschliches Recht zu schänden und es zu übertreten.. Die Grenze zwischen uns und den Sachsen verlief fast überall in der Ebene, mit Ausnahmen weniger Stellen, wo größere Waldungen oder Bergrücken das beiderseitige Gebiet klar trennten, hier nahmen Totschlag, Raub und Brandstiftung auf beiden Seiten kein Ende. Das erbitterte die Franken so, dass sie nicht mehr bloß Gleiches mit Gleichem heimgaben, sondern offen Krieg mit ihnen führen wollten. Der Krieg wurde also begonnen und von beiden Seiten mit großer Erbitterung ... 33 Jahre fortgeführt."*

Dennoch glauben viele Historiker – etwa Dieter Hägermann, dessen tonnenschwere Karlsbiographie ich grad rund um Nordrhein-Westfalen schleppe - die Geschichte des ‚Blutbad von Verden' heute nicht mehr.

Jedenfalls nicht, dass es die überlieferten Dimensionen hatte. Wenn sich Karl dort fast der gesamten sächsischen Stammesführer und Edelinge entledigt hätte, um Widukind zum Aufgeben zu bewegen, war das Massaker ein glatter Reinfall. Widukind kämpfte noch drei Jahre gegen die fränkischen Besatzer. Erst in der Schlacht an der Hase, die vom Teutoburger Wald in die Ems fließt, wurde er von Karls Truppen besiegt. Trotz des heroischen Einsatzes der Kriegerfrauen, die ihre Männer angefeuert haben sollen. In offener Feldschlacht hatte er gegen das riesige Heer des Herrschers über weite Teile Mitteleuropas keine Chance. Theoretisch hätte er aus heutiger Sicht danach seinen Guerillakampf weiterführen können. Wenig später gab er dennoch auf. Er schloss mit Karl einen Friedensvertrag und ließ sich in Attigny (andere Quellen sagen, es war bei Bad Oeynhausen) unter Karls Patenschaft taufen. Was der wirkliche Grund für seinen Gesinnungswandel war, werden wir wohl nie erfahren. Immerhin gibt es eine hübsche Geschichte dazu. Er soll über den Kamm des Wiehengebirge geritten sein und dabei auf ein Zeichen des christlichen Gottes gewartet haben. Wer auf Zeichen wartet, dem begegnen sie auch. Sein Pferd soll bei dem heutigen Bad Oeynhausen einen Stein losgescharrt haben. Daraufhin schoss – so die Sage - dem Sachsenfürsten Quellwasser entgegen. An der Geschichte könnte was dran sein. In Bad Oeynhausen nicht auf Quellen zu stoßen, dürfte schwerfallen. Andere haben es dem christlichen Gott schwerer gemacht, sich beweisen zu lassen - Thomas von Aquin zum Beispiel. Aber Widukind war Krieger, kein spitzfindiger Priester. Die gefundene Quelle reichte ihm. Wo er sie fand – beziehungsweise gefunden haben soll - steht heute die evangelische Kirche St. Nikolaus zu Bergkirchen. An das ,Quellwunder' erinnert ein Denkmal am Wilhelmsplatz in Herford. Warum es ausgerechnet dort steht, wissen nur die, die es errichtet haben.

Der letzte große Sachsenführer ist zwischen Enger, Herford und Minden bis heute nicht vergessen. In Enger soll er begraben sein. Ein Innschrift-Stein erinnert dort an ihn: *„de here /Widukind starf unde wart to Engere begraven"*. Manche halten den Stein für seinen Grabstein. Besonders die örtliche Tourismusbehörde. Doch der angebliche Grabstein hat einen Schönheitsfehler, der gerne verschwiegen wird. Eingehende Untersuchungen ergaben, dass es sich um einen Gedenkstein aus dem 12. Jahrhundert. handelt. Im Widukindland sind alle schon aus Marketinggründen davon überzeugt, dass seine Knochen in Enger begraben sind. Wo sich der Sachsenherzog einen Guerillakrieg mit Karls Armee lieferte, sollen wir heute die Seele baumeln lassen: *„Ferienregion Wittekindsland – Erholung zwischen Weser und Wiehengebirge"*.

Auf einem Hügel hinter Enger habe ich die Geburtstagsfete des Wahrzeichens der Stadt um einen Tag verpasst. Die Nachhut ist noch am Aufräumen. Die Windmühle auf dem Liesberg ist nun zweihundertfünfzig Jahre jung und noch recht gut beisammen. Der Alte Fritz hatte kurz vor dem Siebenjährigen Krieg (dem ersten Konflikt zwischen europäischen Großmächten) befohlen, hier eine königliche Zwangsmühle zu errichten. Das Zwangsmühlenprinzip war simpel. Der Bau einer Mühle kostete viel Geld. Damit sie in kürzester Zeit Gewinne abwerfen konnte, wurde ein bestimmter Personenkreis gezwungen, sein Getreide nur in dieser Mühle mahlen zu lassen. Diese Monopolstellung war die Lizenz zum Gelddrucken, was der chronisch klammen preußischen Staatskasse gerade in Kriegszeiten entgegenkam. Das wiederum hatte zur Folge, dass die Müller kaum noch Interesse an der Erhaltung, der Produktqualität und dem Service hatten. Erst die Gewerbefreiheit der Stein-Hardenbergschen Reformen änderte dies. Inzwischen stehen die Flügel und Zahnräder still. Das letzte Mehl wurde hier kurz nach dem Zweiten Weltkrieg gemahlen.

Noch länger her ist eine andere Nutzung. Bis 1532 stand hier der *„Galgen upper dem Liggesberge"*. Es war im Mittelalter üblich, sich weithin sichtbarer Berge am Rand überregionaler Wege zu bedienen, um missliebige Mitbürger loszuwerden. Schließlich sollten alle sehen, was im Falle eines Falles droht. Dabei ging das Spektrum der angewendeten Methoden weit über Tod durch den Strang hinaus. Aber das Thema haben wir schon durch. Die Hingerichteten hängten, saßen oder lagen, bis Geier, Maden und Köter kaum mehr als das Skelett übrigließen. Die Knochen verscharrte man an Ort und Stelle. Wer es gerne gruselig hat, wird auf dem Liesberg bedient. Er muss nur etwas Phantasie mitbringen.

Hinter dem Liesberg führt die Ausfallstraße im weiten Bogen bergab zur Bundesstraße nach Herford. Die meisten Autofahrer verwechseln sie offensichtlich mit einer Autobahn. Ich verzichte zugunsten eines langen Lebens auf Benutzung. Stattdessen folge ich dem gelben Wegweiser mit dem Radsymbol, der mich zunächst Richtung Bielefeld führt. Damit beginnt eine Irrfahrt über die Dörfer nördlich der Bundesstraße, die ich gerne in meiner Biographie vermissen möchte. Die Beschilderung ist preisverdächtig mies. Gleich an der ersten Weggabelung stehe ich auf dem Schlauch. Kein Schild verunstaltet die Landschaft. Das passiert mir dauernd. Ebenso häufig hüten sie die Richtung wie ein Bilderrätsel. Wohl dem, der eine Radkarte dabei hat. Immerhin gelingt es mir, nicht im Kreis zu fahren.

Reichlich angenervt erreiche ich hinter Eikum Herforder Stadtgebiet. Mein Herz macht einen Sprung, als ich unter dem Ortsschild *„fahrradfreundliche Stadt"* lese. Doch schon nach wenigen Metern bin ich um eine Illusion ärmer. Nicht der winzigste Hinweis weit und breit, wo es zur Innenstadt geht. Wieder einmal helfen mir Eingeborene durch den Stadtdschungel. Später muss ich missvergnügt feststellen, dass die Herforder Radwegweiser in der Regel nur von einer Sehenswürdigkeit zu nächsten führen. Der Radfahrer, den ich in der Fußgängerzone anhalte, ist nicht von hier. Wenigsten kennt er den Weg zum Bahnhof. Während ich ziemlich angesäuert und körperlich am Ende den Stadtpan davor enträtsele, flüstert eine süße Stimme in meinem Ohr: *„Zug, Zug, Zug!"* In zwanzig Minuten könnte ich in Minden sein. Auch die Droste kannte diesen Zustand: *„Wenn die Lehmchausseen meiner so müde sind wie ich ihrer, so werden sie sich freuen, dass wir auseinander kommen."* Leider bin ich viel zu besessen von der Idee, wirklich den ganzen Weg mit dem Rad zurückzulegen. Also fahre ich im Bogen um die Innenstadt, biege nach Nordosten in die Mindener Straße und komme so zur Bundesstraße nach Bad Oeynhausen.

Als ich mich im Schweiße meines Angesichts den Berg hoch gequält habe, ist meine Geduld mit diesem Tag erschöpft. Ein Stoppelfeld mit Blick über den Herforder Talkessel überzeugt mich von seinen Qualitäten als Lagerstätte. Von hier oben habe ich einen Premiumblick auf die Stadt. Rechts bestimmt ein hässlicher Betonkomplex die Szene, ansonsten verschwindet die Siedlung unter viel Grün. Die Größe der Stadt wird erst deutlich, als die Lichter angehen. Gleichzeitig fühle ich mich wie in einem Adlernest. Die Umgebung ist tiefschwarz, aber tief unten im Tal funkelt mir die Zivilisation entgegen. Das ist ein beruhigendes Gefühl. Ich kann nachvollziehen, dass die Leute im Mittelalter nach

Einbruch der Nacht gerne ein Dach über dem Kopf hatten. Reale Räuber und eingebildete Werwölfe besiedelten die mittelalterliche Nacht. Morgens aufzuwachen und immer noch da zu sein war nicht selbstverständlich.

Am Ende eines nicht wirklich vollkommenen Tages verkrieche ich mich gedankenschwer in meine künstliche Höhle. Mein letzter Gedanke: *„Morgen wird alles besser!".*

Weserbergland
Wie buchstabiert man Hektik?

Ich hatte einen unruhigen Schlaf, wälzte mich hin und her, fuhr Straßen, die im Nirgendwo endeten. Entweder bin ich heute Nacht als Geisel im Traum eines Irren gelandet - oder meine grauen Zellen haben die Nacht genutzt, um den Schlamassel des Vortages zu verarbeiten. Der schöne klare Morgen vertreibt die Geister der Nacht. Kaum eine halbe Stunde später ist meine gute Laune schon wieder Geschichte. Ich stehe mir die Beine in den Bauch, um über die stark befahrene Bundesstraße nach Bad Oeynhausen zu kommen. Nach mehreren Lastkraftwagen in Folge, die mich fast von der engen Straße gefegt haben, wechsele ich auf die Gegenseite und schiebe - in der trügerischen Hoffnung, bald auf einen Radweg zu treffen. Die Hoffnung wird erfüllt - zehn Kilometer und zwei Stunden später. Zum wiederholten Mal geht es mir tierisch auf den Senkel, dass Radfahrer im bundesdeutschen Alltagsverkehr nicht vorgesehen sind. Wer in diesem Land auf dem kürzesten Weg von einer Stadt in die andere fahren will, riskiert allzu oft sein Leben.

Am Ortseingang von Bad Oeynhausen treffe ich nicht nur einen sehr an meinem Woherwohinwomit? interessierten Supermarktverkäufer sondern auch auf eine Straße mit bescheidenen Häuschen aus den 1960ern, die sich selbst nach dem zweiten Blick noch ‚Eigenheimstraße' nennt. Drin ist, was draufsteht. Die Innenstadt macht den solide verschlafenen Eindruck einer alten Bäderstadt. Mehr noch: Sie ist deren Prototyp! Der Springbrunnen plätschert müde vor sich hin. Auf der Parkbank sitzen zwei konservativ gekleidete Damen mittleren Alters und warten auf die Rente. Die vorbeikommenden Radfahrer fahren mit angezogener Handbremse. Im Zeitlupentempo bewegt sich auch eine junge Frau im obligatorischen Bäderweiß über den Platz. Wenn ich hier noch lange sitzen bleibe, werde ich die Hektik meiner oberhessischen Heimat nie mehr ertragen können.
Nach dem Zweiten Weltkrieg war hier wesentlich mehr los. Die Briten sperrten die Innenstadt für fast ein Jahrzehnt und errichteten hier das Hauptquartier ihrer Rheinarmee. Vielleicht erinnerte sie das Ambiente ein wenig an ihre Upperclass-Strandbäder. Die Einwohner wurden zwangsumgesiedelt, der Kurpark weitläufig umzäunt. Einige Bäume im

Stadtpark überlebten die Besatzungszeit nicht. Im Ausland scheint der Brite wenig Respekt vor Parklandschaften zu haben.

Die Kurstadt am Südrand des Wiehengebirge hat ihre Existenz einem Zufall zu verdanken. Mitte des achtzehnten Jahrhunderts soll hier der Bauer Sültemeyer auf den Borsten seiner Schweine Salzkristalle gefunden haben. Sie hatten sich zuvor im Morast seines Hofes gewälzt. Als das dem Alten Friedrich zu Ohren kam, hat er den Bau eines Salzwerkes befohlen. Ein Jahrhundert später stieß der königliche Berghauptmann Carl August Ludwig Freiherr von Oeynhausen im Gebiet des heutigen Kurparks auf eine ergiebigere Thermalsolequelle und wurde damit zum Namensgeber.

Ich verlasse die Kuridylle Richtung Weser. Dort angekommen, finde ich mich statt in einer romantischen Flusslandschaft zwischen einer stark befahrenen Bahnbrücke und einer noch stärker befahrenen Autobahnbrücke wieder. Die Porta Westfalica erkenne ich erst, als ich bereits unter der Eisenbahnbrücke stehe. Vom Wittekindsberg grüßt der erste deutsche Kaiser seit hundertzehn Jahren die Nachkommen seiner westfälischen Untertanen. Heute würde man ihn dafür verhaften. Damals war die hochgereckte Hand noch nicht vorbelastet. Das fast neunzig Meter hohe Kaiser Wilhelm-Denkmal ist gut zu erkennen. Bis 1952 stand auch sein Reichskanzler auf dem Jakobsberg gegenüber. Er wurde Opfer des Fortschritts und musste einem Fernsehturm weichen. Anderen Bismarckdenkmälern erging es nicht besser. Sie wurden geschleift und eingeschmolzen. An den Bismarck-Kult, der es bis in das chilenische Concepción und nach Papua-Neuguinea schaffte, erinnern heute in Deutschland nur noch wenige Denkmäler. Den Krieger- und Siegesdenkmälern der sogenannten Einigungskriege, denen ich immer wieder begegne, hätte ich ein ähnliches Schicksal gewünscht. Hat nicht sollen sein.

Ich gönne mir eine Auszeit vom Bundesstraßenstress und fahre auf einem Feldweg nach Vlotho. Von der fernen Landstraße weht kaum hörbarer Verkehrslärm über die Felder zu mir herüber. Ein Traktor mit Pflug steht einsam zwischen den frisch gepflügten Furchen. Krähen streiten sich um die unsanft aus dem Boden gerissenen Würmer. Vor mir liegt Vlotho im Dunst. Hinter dem Ökogut Deesberg werde ich aus diesem Paradies vertrieben. Es geht es nur auf der Landstraße weiter, doch bald kommt wieder ein Radweg. Der führt bis zum Anlegesteg in Vlotho. Die beschauliche Stadt wird vom breiten Band der Landstraße nach Bad Salzuflen zersägt. Den Blick auf die Weser beherrscht eine mächtige Betonbrücke. Nördlich der Straße steht bis heute die Kirche des vor siebenhundertfünfzig Jahren im heutigen Stadtkern gegründeten Zisterzienserinnenklosters. Vom eigentlichen Kloster hat nur der Kreuzgang die Jahrhunderte überstanden.

Bundesweit bekannt geworden ist die kleine Stadt durch das Festival *„Umsonst und draußen"*. Kultur im Allgemeinen und Rockmusik im Speziellen sollte in der Folge der 68er-Bewegung auf diesem Festival frei zugänglich und jenseits des Profitdenkens selbst gestaltbar sein. In den Siebzigern gab es viele Nachahmer. Heute haben viele Veranstaltungen unter diesem Titel leider nur noch den Namen gemein.

Hinter Vlotho quäle ich mich wieder einmal bergauf. Das Programm hatte ich bereits gestern. Verzichtbar war es auch da schon. Erder liegt am Hang. Im Tal beherrscht das Kohlekraftwerk Veltheim wie ein schlafender Dinosaurier die Weseraue. Das Gemeinschaftskraftwerk stammt aus den Sechzigern. Obwohl mehrfach umgebaut und erweitert, gibt es heute harmlosere Dreckschleudern. Außerdem wäre es auch ganz ohne Nachhilfe durch den Klimawandel eine angesagte Kulturleistung, wenn wir uns nach hundertfünfzig Jahren davon verabschieden würden, Rohstoffe zu verbrauchen, die erst in mehreren Millionen Jahren wieder erneuert sein werden. Vorausgesetzt, es läuft gut. Rein vom Ergebnis gesehen. Ob es unter Würdigung aller Gesamtumstände gut für uns wäre, wenn der europäische Kontinent wieder Richtung Äquator driftet und das Ruhrgebiet sich in einen tropischen Urwald verwandelt, der irgendwann wieder zu Steinkohle wird, muss die Geschichte des Universums entscheiden. Auf jeden Fall lägen dann Eisen- und Kohlevorkommen sehr nahe beieinander. Einer Renaissance des 19. Jahrhunderts stände nichts im Wege. Vielleicht finden unsere Nachkommen sogar noch ein paar Baupläne, wenn sie wieder von ihren Bäumen herunterkommen. Wenn Affen die Sache mit dem Stöckchen und der Banane herausbekommen haben, sollten unsere hochentwickelten Eiweißbalone in der Lage sein, intelligentere Energiegewinnungstechniken umzusetzen. Zweifel daran sind leider berechtigt. Momentan hält es das Bundesforschungsministerium für Spitzentechnologie, den

CO2-Ausstoß der Kraftwerke in der Erde zu verbuddeln. Nichts anderes haben schon die Neandertaler mit ihren Abfällen gemacht. Wohin das führte, ist hinlänglich bekannt.

Nun soll im Kraftwerk auch noch Müll beigefeuert werden. Das ist den Bewohnern des Schlechten zuviel. Sie entdeckten, dass noch ein wenig kriegerisches Sachsenblut in ihren Adern fließt und gründeten eine Bürgerinitiative. *„Bürger, wehrt euch!"* verkünden ihre Plakate am Straßenrand. Das tun sie nun, gemeinsam mit Stadt und den Stadtwerken Porta Westfalica ziehen sie vor den Kadi. Keine schlechte Idee.

Hinter dem Dorf führt die Landstraße ein kurzes Stück durch Wald. Das beruhigt die Nerven. Danach geht es wieder bergab ins Wesertal. Hier steht in den Auenwiesen ein Juwel. Das Schloss am Ortseingang lag ursprünglich direkt an der Weser. Zwischenzeitlich hat der Fluss beschlossen, sich nach Norden zu verlagern. So sind sie eben, die Flüsse - wenn man sie lässt. Seit dem Umbau vor vierhundert Jahren gilt das Schloss als eines der bedeutendsten Bauwerke der Weserrenaissance. Ihm folgen frisch renovierte Fachwerkhäuser. Das schönste Haus liegt am Ortsende. Es wurde 1752 erbaut. Ich zücke die Nikon, habe aber Probleme mit der Perspektive. Das Haus passt ohne Froschauge nicht in meine Kamera. Vollständig in die Tücken des Objekts vertieft, dringt erst zeitverzögert in mein Bewusstsein, dass mich jemand anspricht. *„Sie sind wohl auf großer Fahrt?"* Die grauhaarige Dame vor mir stützt eine noch ältere - wohl ihre Mutter - und geht auf das Haus zu. *„Kann ich jetzt Gebühren nehmen?"* Danach verschwinden beide im Haus.

Am Campingpark Kalletal fahre ich vorbei. Es ist noch zu früh fürs Nachtlager. Hinter der Zufahrt liegt ein Supermarkt. Ich bin der einzige Kunde. Die Verkäuferin lässt sich alle Zeit der Welt, um zur Kasse zu kommen. Die Uhren gehen hier so, wie die Weser fließt: träge, ohne Eile. Man lässt sich hier offensichtlich viel Zeit für Zwischenmenschliches. Das Schwätzchen mit der Bäckereiverkäuferin ist ihr wichtiger als schnöder Umsatz.

Auf der steilen Nebenstrecke nach Krankenhagen zieht sich die Landstraße in einer Schleife durch den Wald. Plötzlich höre ich Geräusche wie von einer großindustriellen Anlage. Es ist aber nur ein Mähdrescher. Der ist allerdings so riesig, dass er eher in die Horizonte umspannenden Kornfeldern des Mittleren Westens passt. Hier. im beschaulichen Ostwestfalen mit seinen kleinen Feldern, kommt er mir arg deplaziert vor. Kurze Zeit später gibt der zuvor dichte Wald den Blick auf Silixen unten im Tal frei. Über Krankenhagen mache ich erschöpft in einer Parkbucht Rast. Neugierige Kühe kommen auf mich zu. Ihre Aufmerksamkeitsspanne ist jedoch nicht allzu hoch. Sie verlieren bald das Interesse an mir. Feiner Landregen setzt ein und hüllt die Landschaft in ein unwirkliches Zwielicht. Ich denke mir, dass es schlechtere Orte gibt, um zu übernachten. Den Rest des Abends verbringe ich mit einer Flasche Sherry vor dem Drahtzaun der Kuhweide. Das Programm ist etwas eintönig, lässt sich mit Ton aus dem Radio aber gut aushalten. Autofahrer kommen und fahren wieder ab. Es nieselt immer noch. Der Bauer im Tal pflügt unbeirrt seine Runden. Das monotone Brummen des Traktors, das Quietschen des Pfluges und das Knirschen der Steine dringen gedämpft zu mir herauf. Die Szene wirkt unwirklich. Dennoch bin ich zufrieden mit mir und der Welt. Zu dieser Stimmung passt nicht ganz, dass der Westdeutsche Rundfunk meldet, zwei drittel der Wälder in Nordrhein-Westfalen seien in Privatbesitz. Ärgerlich. Andererseits ist es so, dass das in Deutschland niemand merkt. Bürger dürfen sich auch in Privatwäldern frei bewegen. Das hat die Arbeiterwanderbewegung der 1895 in Wien gegründeten ‚Naturfreunde' erstritten Mit der Losung *„Berg frei!"* erkämpften sie das Recht aller, auch die Wälder betreten zu dürfen, die dem Adel und der Kirche gehörten. In Spanien gibt es solche Bewegungen erst seit wenigen Jahren. So konnte ein Finca-Besitzer auf Mallorca gerichtlich bewirken, dass der Fernwanderweg durch die Sierra de Tramuntana nicht über sein Gelände führen darf. Dies, obwohl der Wanderpfand alten Hirtenwegen folgt. Bis zu einer einheitlichen europäischen Landrechtsordnung ist es noch ein weiter Weg.

Im Halbschlaf kommt Motorgeräusch näher. Ich umklammere mein Pfefferspray, doch der Wagen fährt durch. Ach je! Bin ich schreckhaft. Kirchenglocken aus dem Tal kündigen mit sechs Schlägen an, dass es langsam Zeit zum Weiterziehen ist. Meine müden Knochen und die milchsäuregeplagten Muskeln antworten, dass ich sie grad Mal gernhaben kann. Meine Replik ist eindeutig. Ich gebe meinem schwachen Fleisch noch eine Stunde. Hallo? Wer ist hier der Chef? Eben!
Als ich gegen sieben aus dem Biwak krieche, liegt das Tal noch verschlafen im Dunst. Die Nacktschnecken sind allerdings schon wach. Sie

haben sich ausgerechnet meinen Höhleneingang als Frühstücksplatz ausgesucht. Unvermeidbar, dass ich eine plattdrücke. Auf nüchternen Magen ist das ein verzichtbares Erlebnis. Ähnlich wird der letzte Gedanke der Schnecke gewesen sein. Was von ihr übrig blieb, wische ich ins feuchte Gras. Danach mühe ich mich durch das Lipper Bergland.

Lippe hat sich seine Eigenständigkeit über die großen territorialen Flurbereinigungen hinweg erhalten. Damit war im Januar 1947 Schluss. Ein halbes Jahr nach der ‚Operation Marriage' schloss sich Lippe dem neuen Bundesland Nordrhein-Westfalen an Damit endete eine neunhundertjährige Geschichte als eigenständiges Territorium. Ihre Haut verkauften die Lipper teuer. Unter anderem musste Düsseldorf den Sitz der neuen Bezirksregierung von Minden in ihre Metropole Detmold verlegen.

Das Extertal ist grün und fruchtbar. Dies hat es den Höhenlagen zu verdanken. Durch die tausendjährige Nutzung und Rodung der Wälder ist der karge Boden dort zum Teil stark erodiert und findet sich in den Tälern wieder. Dennoch galten die Lipper über Jahrhunderte als arme Schlucker. Ihre erzwungene Knauserigkeit trugen sie mit Humor: *„Die Schotten sind wegen Prasserei ausgewiesene Lipper"*. Die Armut hatte zwei Ursachen. Das Land war überwiegend im Besitz von Großbauern und Landadeligen. Die Bauern hatten wenig Land. Und das lag – zweiter Grund - oft in den Höhenlagen, wo auf den kargen Böden kaum etwas wuchs. Wer nicht das Glück hatte, als Landadeliger oder Großbauer geboren zu sein, musste jeden Pfennig umdrehen. Viele schlugen sich als Tagelöhner und Kleinbauern durch und verdingten sich in den Niederlanden, um die Familie durch den Winter zu bringen.

Fünf Kilometer vor Barntrup habe ich einen Panoramablick auf die Kleinstadt. Im stark gewellten Relief wechseln sich Kuppen und Senken kleinräumig ab. Zur Abwechslung trägt das Baugebiet vor der Stadt bei. Die Innenstadt reißt mich nicht vom Sattel. Hinter Barntrup verschönert der riesige weiße Kasten der Firma Welthof den Blick in die Landschaft. Ich fahre mangels Radweg auf einem Trampelpfad Richtung Bad Pyrmont. Hinter den Hügeln liegt Lügde – gesprochen ‚*Lüchte'*. Dort beging Karl 784 sein erstes Weihnachtsfest im Stammesgebiet der Sachsen. Noch war sein Lebenswerk eine Baustelle.

Auf einer Anhöhe kommt mir der Naturparkbus entgegen. Im winzigen Ort Eschenbruch durchbrechen einzig das aufgeregte Geschnatter der

Gänse die Stille, während ich mein Rad den Berg hochschiebe. Nach einiger Zeit geht es steil bergab. Sisyphos hätte seine Freude daran, ich eher weniger. Die Bergstraße vor Glashütte trägt ihren Namen völlig zu Recht. Ich traue meinen Bremsen nicht und steige ab. Die beiden älteren Herren auf den schicken Rennmaschinen trauen ihren Augen nicht. Ach ja: sie kommen mir aus dem Tal entgegen.

Hier beginnt der *,Naturpark Eggegebirge und südlicher Teutoburger Wald'* und vom Emmer-Stausee verläuft ein Naturschutzgebiet bis Bad Pyrmont. Mehr Naturschutz ist schon fast unanständig. Die Emmeraue hat sehr fruchtbare Böden. In ihren feuchten Uferbereichen wachsen Erlen und Weiden, in den trockeneren Bereichen der Aue Hainbuchen. An den Flut- und Prallhängen lebt heute wieder der Eisvogel. Die Talsperre entwässert das niederschlagsreiche Gebiet des Schmalenberger Waldes und verhindert seit Ende der Siebziger Hochwasser im Tal der Emmer. Tief ist sie nicht - über zwei Meter nur in der ausgebaggerten Fahrrinne. Schlamm aus der Emmer lässt ihn langsam verlanden. Ein Problem, dass er mit vielen Stauseen dieser Welt teilt. Und ein guter Grund, die Finger von Megaprojekten zu lassen.

Am südwestlichen Ende des Stausees liegt Schieder. Sein Campingplatz ist, wie könnte es anders sein, besonders bei Niederländern beliebt. Hinter dem wenig aufsehenerregenden Schieder fahre ich auf Schmalenberg zu. Dessen mittelalterliche Stadtkern und die Landschaft drumherum locken seit dem 19ten Jahrhundert Maler an. Der Zweite Weltkrieg unterbrach die Blütezeit des Künstlerdorfes. Heute versucht Schmalenberg wieder, daran wieder anzuknüpfen. Ich betrachte mir die Pracht nur von unten, da es zum historischen Stadtkern steil nach oben geht. Über Brakelsiek fahre ich durch die Agrarlandschaft weiter Richtung Süden bis Kollebeck.

Die Landschaft wird flacher. Ich suche den Radweg von Münsterbrock zum Kloster Marienmünster. Dessen Ställe werden gerade zu einer öffentlichen Begegnungsstätte umgebaut. Kultur im Niemandsland. Der nächste Ort ist Vorden. Er hat die Welle der Ortskernsanierungen überlebt und sich ackerbürgerliche Züge bewahrt. Während das Münsterland durch weit verstreute Einzelhöfe gekennzeichnet war, wohnte der Bauer hier in Dörfern und Städten. Nicht selten ging er noch einem Handwerk nach. In den Notzeiten Mitte des Mittelalters mussten hier viele kleinere Siedlungen aufgegeben werden - weil einfach nichts mehr ging. Eine Situation, vor der wir heute angesichts der demographischen Entwicklung wieder stehen.

Hinter Vorden geht es wieder einmal schweißtreibend bergauf. So ist das nun mal im Mittelgebirge. Bis Höxter will ich dem Radwanderweg mit der Nummer eins folgen, der vom Oderbruch bis zur niederländischen Grenze bei Greve führt. Auf der Anhöhe angekommen, lasse ich mich auf einem Stoppelacker nieder. In der warmen Abendsonne erwarte erlebe ich einen toskanischen Sonnenuntergang mit Blick auf Vorden. Im Dämmerlicht kommt eine joggende Frauengruppe vorbei. Danach gehört die Landschaft mir.

Als ich mich am nächsten Morgen aus meinem Biwak wühle, ist es noch kalt. Ich liege im Schatten eines Wäldchens. Das Stoppelfeld ist noch feucht. Ich baue trage meine feuchten Sachen zu einer Bank am Waldrand. Dort wärmen mich die ersten Sonnenstrahlen des Tages. Ein Rollstuhlfahrer im Sportrolli kommt mit dem unvermeidlichen Vierbeiner vorbei und grüßt freundlich. Zum Smalltalk ist er nicht aufgelegt, ich auch nicht. Als ich alles verstaut habe, knabbere ich meine tägliche Stange Duplo. Nach diesem opulenten Frühstück vertrete ich mir noch kurz die Beine, dann schwinge ich mich wieder auf meinen Esel.

Die kleine Gemeinde Eilversen besteht vorwiegend aus Neubauten. Am Ortsausgang taucht eine steinbearbeitende Firma mit hässlicher Fabrikhalle auf, dahinter ein Sägewerk. Muss, was Arbeitsplätze schafft, zwangsläufig auch hässlich sein? Auf Wirtschaftswegen geht es weiter bergab. Wald, Äcker und feuchte Wiesen wechseln sich ab. Der ferne Lärm eines Steinbruchs begleitet mich lange. In der Gegend wird seit Jahrzehnten Muschelkalkstein für den Straßenbau abgebaut. Das gesamte Weserbergland besteht aus Muschelkalk. Vor zweihundert Millionen Jahren lebten hier Muscheln, Ammoniten und Seelilien in einem warmen tropischen Meer. Heute dominieren Wälder und Kalkmagerrasen mit Perlgras, Waldmeister sind und Orchideen die Landschaft.

Die Euroroute folgt dem Grubetal. Das wird an einigen Stellen zu beiden Seiten von steilen Hängen begrenzt. Nachdem sich die Grube hier durchgewunden hat, muss sie sich in Ovenhausen treten lassen. Am Eingang zur Kneipanlage steht der Torbogen eines Ackerbürgerhauses. Ein trauriger und entwurzelter Rest eines einst reich verzierten niederdeutschen Hallenhauses, das einmal typisch für die Gegend war. Zwischen den kunstvollen Schnitzereien gibt mir der Torbogen darüber Auskunft, dass dahinter ab 1617 Johann Deiters und seine Ehefrau Anna Sanders lebten. Fromm war man damals. Da die römische Kirche auf Latein bestand, steht auf dem Torbogen *„Verbum domini manet in aeternum"* was soviel heißt wie *„Gottes Wort bleibt in Ewigkeit"*. Wir Heutigen neigen eher dazu, an die Ewigkeit der Materie zu glauben.

Der Vorort von Höxter war im Königreich Westphalen Treffpunkt vieler Händler. An dem heute vergitterten Brunnen am Rand der Kneipanlage trafen sie sich, um ihre Geschäfte zu machen. Nebenan gab es eine Kneipe, eine Art Autobahnraststätte - nur nicht so seelenlos. Der Wirt war die Mutter der Umherziehenden. Und er ersetzte das Handy. Bei ihm kamen Nachrichten an, von ihm gingen Nachrichten aus. Er konnte ebenso gut zuhören wie ausplaudern. Das trug ihm den Spitznamen *‚Kückenwirt'* ein. Kann die Klappe nicht halten, muß dauernd piepsen. Sein Gasthaus gibt es bis heute. Es nennt sich inzwischen ‚Kückenkrug' und ist so hässlich verbaut, dass ich heulen möchte.

Die Idylle hier hatten sie Napoleon zu verdanken. Der hat nach dem Frieden von Tilsit im Jahr 1807 Westfalen und Teile der heutigen Bundesländer Hessen, Niedersachsen, Bremen, Hamburg, Thüringen und Sachsen-Anhalt seinem Bruder Jérome übertragen. Sein Bruder sollte dort einen Musterstaat errichten, mit moderner Verwaltung und Justiz. Tatsächlich ging es in den sieben Jahren den Handwerkern und Händlern hier gut. Sie zogen durchs Land und sorgten dafür, dass Jéromes Sause am Kasseler Hof nicht ins Stocken geriet. Auch anderen ging es unter Jérome besser. Die Willkürgerichte der adeligen Grundherren wurden mitsamt der Leibeigenschaft abgeschafft, die üppigen Ländereien des Klerus säkularisiert. Zum ersten Mal gab es auf deutschem Boden eine Gewaltenteilung - und mit Code Civil sowie Code Pènal Gesetzbücher, an die sich wirklich alle zu halten hatten. Die Bilanz des kürzesten Königreichs aller Zeiten fällt dennoch negativ aus. Der Geld- und Menschenbedarf für die napoléonischen Kriege blutete das Land aus.

Das Ende kam nach der Völkerschlacht von Leipzig. Danach eroberten Czernitscheffs Kosaken den Kasseler Regierungssitz. Die Niederlage der französischen Truppen in der Völkerschlacht bei Leipzig führte nicht nur zum Verlust der rechtsrheinischen Gebiete, auch die Rheinbundstaaten wechselten die Seite. Ein halbes Jahr später standen die Koalitionstruppen schon vor Paris. Ein eilig gebildeter Senat ersetzte Napoleon durch den Bourbonen Ludwig den Achtzehnten. Als wieder einer der ihren mit dem richtigen Stallgeruch das Zepter in der Hand hielt, verzichteten die Koalitionstruppen sogar auf Reparationszahlungen.

In Westfalen hatten fortan die Preußen das Sagen. Von den napoleonischen Reformen hielten sie wenig. Sie drehten das Rad der Geschichte zurück. Im Gegensatz zum Rheinland gab es bei den Westfalen wenig Widerstand.

Der Europaradweg verlässt in Höxter Nordrhein-Westfalen und muss daher ohne mich weiterziehen. Die Region ist das ‚Achterhoek' des Bundeslandes. Geschlagene fünfundvierzig Minuten braucht man vom nächsten Autobahnanschluss in die Weserprovinz. Georg Leber hätte das nicht gefallen. Die nächste größere Stadt ist Paderborn. Damit ist alles gesagt. Zum Ausgleich kann Höxter mit vierzehn Naturschutzgebieten protzen. Das dürfte bundesweit einmalig sein.

Ich gönne mir auf dem Marktplatz einen warmen Wiener Apfelstrudel mit einer Extraportion Sahne in der Hoffnung, dass ich den Kalorienschub locker ganz nebenbei verbrennen werde. Vom Café habe ich einen Premiumblick auf die Dechanei. Der Adelshof wurde 1561 durch Christoph von Amelunxen erbaut. Er ist heute eines der bedeutendsten Gebäude der Weserrenaissance. Mit Schnitzereien reich verzierte Fachwerkbauten haben sich hier erhalten, weil der Fortschrittswahn des Wirtschaftswunders nur sehr gedämpft in diesen hintersten Winkel drang - und weil es hier nichts gab, was die die Bomber der Alliierten interessiert haben könnte. Gebrummt hat die Wirtschaft nur in der Zeit, als die Weser noch ein bedeutender Transport- und Wirtschaftsweg war. Das ist rund fünfhundert Jahre her.

Wenn man noch weiter zurückblickt, muss man schon bis zu Karls frommem Sohn gehen, um in der Stadtgeschichte auch überregional Interessantes zu finden. Laufen muss man dazu allerdings nicht weit. Zwei Kilometer flussaufwärts, im Weserbogen, liegt die von ihm 822 gegründete ehemalige Benediktinerabtei Corvey. Es war eines der bedeutendsten karolingischen Klöster. Sehr viel später verdiente sich hier Hofmann von Fallersleben in der fürstlichen Bibliothek seinen Ruhestand, nachdem er von der preußischen Regierung ohne Pension aus

seiner Professur gejagt worden war. Wegen seiner *„Unpolitischen Lieder"* gegen Kleinstaaterei, Pressezensur und Fürstenwillkür wurde ihm sogar die Staatsbürgerschaft entzogen. Erst nach dem Revolutionsjahr 1848 durfte er auf Grund eines Amnestiegesetzes zurückkehren. Ein Demokrat war er allerdings nicht. Er wünschte sich einen deutschen Kaiser. Den durfte er sogar noch erleben. Und er hasste die Franzosen tief und innig. Das war damals Mode, entlastet ihn aber nicht. Wenige Jahre vor seinem Tod schrieb er an Adolf von Strümpell *„dies verworfene Franzosengeschlecht, diese Scheusale der Menschheit, diese tollen Hunde, diese grande nation de l'infamie et de la bassese …"* Ein überzeugter Antisemit war er zudem: *„Des deutschen Kaisers Kammerknechte / sind jetzt Europas Kammerherrn. / Am Himmel aller Erdenmächte, / o Israel, wie glänzt dein Stern."* Die dritte Strophe seines Deutschlandliedes dient uns bis heute als Nationalhymne. Wer das bizarr findet, der sollte wissen, dass die Melodie dazu aus Haydns Hymne *„Gott erhalte Franz, den Kaiser"* stammt. Kein Scherz. Was haben wir nicht alles den Österreichern zu verdanken! Dankbar müssen wir nur für ihre Gastfreundschaft sein. Von der leben sie allerdings auch nicht schlecht.

Mit den Österreichern werde ich mich allerdings erst in einigen Jahren eingehender befassen - als Nachbarn der Bayern. Schließlich will ich in den nächsten Jahren alle Bundesländer mit meiner Anwesenheit beglücken. Vorerst ist es der Weserradweg, der mich beglücken darf (siehe auch *„Einmal Schlitz und zurück"*). In der Weseraue nördlich werden hochwertige Sande und Kiese abgebaut. So entstanden große zusammenhängende Gewässerlandschaften wie die Godelheimer Seenplatte. Sie ist mit Brüsseler Hilfe zu einem Freizeitgebiet umgebaut worden. Anfang September ist hier allerdings nicht mehr viel los. Ich halte den großen Zeh in die Fluten. Das Wasser ist noch angenehm warm. Wenige Sekunden später sitze ich splitterfasernackt in der Badewanne. Vom strengen Eigengeruch befreit, radle ich eine Stunde später ganz entspannt weiter. Eine schwankende Holzbrücke führt über die Nethe. Sie kommt vom Eggegebirge. Begleitet von Erlen, Eschen und Weiden durchfließt sie eine alte Kulturlandschaft. Die Gegend war ein sächsischer Gau, der vom Eggegebirge begrenzt wurde. Westlich davon, an den Quellen der Pader, hielt Karl 777 seinen ersten Reichstag auf sächsischem Boden ab. Der war ein voller Erfolg. Viele sächsische Adelige ließen sich danach taufen, wenn auch kaum aus Überzeugung. Karls Sohn Ludwig der Fromme verschenkte später viele Ländereien des Nethegaus an die Abtei Corvey.

Hinter Godelheim wird das Wesertal am Westufer breiter. Maschinengewehrsalven hallen durch das Tal. *„Drrt Drrt Drrt.“* Drei kurze Salven in Folge, ganz nach Dienstvorschrift. Hier übt die Bundeswehr die Verteidigung westlicher Werte am Hindukusch. Während ich auf Motivsuche am Ufer herumstreune höre ich, wie ein älterer Radfahrer seiner Frau zuruft *„Wenn der heut noch nach Aachen kommen will, muss er sich ranhalten.“* Dummschwätzer gibt es also auch hier. Offensichtlich haben sie meine Unterhaltung mit dem netten Ehepaar vom Nachbartisch in Höxter mitbekommen. Wenig später überholen mich vier deutlich ältere Herren. Verbissen machen sie Tempo, als ginge es darum, die Tour de France zu gewinnen. Ihre Räder laufen offensichtlich mit Testosteron. In ihrem Alter sollte der Spiegel des Teufelszeugs bereits deutlich niedriger sein. Ich lasse sie neidlos vorbeiziehen. Das ist nicht meine Welt.

Der Tafelberg westlich von Wehrden entpuppt sich als begrünte Mülldeponie, die knapp sechzig Meter über das Tal geschichtet wurde. Schon bald werden sie hier nach Rohstoffen graben, die unter Missachtung des gesunden Menschenverstands verbuddelt wurden. Dahinter liegt Blankenau. Im Gegensatz zu Höxter versteckt sich der Ort hinter einer Hochwasserschutzmauer. 860 schenkte die Gräfin Amelung das Dorf dem Kloster Corvey. Der amtierende Abt war ihr Bruder. Auf Grund dieser Schenkungen wurde das Kloster in der frühen Neuzeit so bedeutend, dass dessen Äbte sogar eine Stimme im Reichsfürstenrat hatten.

Die Landschaft um Beverungen wird durch sanfte Hügelrücken, steile Bergwälder, idyllische Täler und weite Hochflächen bestimmt. Das Beverunger Genossenschaftslagerhaus passt in diese Landschaft wie die Faust aufs Auge. Es ist die gedrungene Entsprechung des Bielefelder Betonspargels und schon lange vor Beverungen zu sehen. Im Gegensatz zu der umstrittenen Bielefelder Landmarke erfüllt es jedoch seine Funktion. Die Stadt lebt auch fünfhundert Jahre nach Verleihung der Stadtrechte noch von der Landwirtschaft. Sie war die Hafenstadt des Hochstifts Paderborn und für viele Hessen, Niedersachsen und Westfalen das Tor zu Amerika. 1632 wurde die Stadt von Schweden niedergebrannt und bis auf fünf Häuser zerstört. Doch schon bald erholte sich der Ort dank seiner günstigen Lage. Der Handel mit Getreide, Eisen und Glas aus den Glashütten des Paderborner Landes machte die Stadt reich – zumindest einige ihrer Bewohner.

Goldgräberstimmung herrschte in dem kleinen Ackerbürgerstädtchen erneut, als sieben Kilometer flussabwärts im Niemandsland des Dreiländerecks zu Hessen und Niedersachsen das Kernkraftwerk Würgassen gebaut wurde. Es war das erste kommerziell genutzte und ging 1975 ans Netz. Später wurde es eine der größten und teuersten Baustellen der Republik. Seit vor fünfundzwanzig Jahren Haarrisse in einem Stahlzylinder am Reaktorkern entdeckt wurden, musste hier eine Viertelmillion Tonne Material größtenteils per Hand zerlegt werden. Der Rückbau ist extrem aufwändig, langwierig und teuer. Er wird fast doppelt soviel Kosten wie seinerzeit der Bau - ein milliardenschwerer Abriss. 2014 soll er abgeschlossen sein. Bis auf drei Prozent des Materials landet der Kraftwerksschrott im normalen Stoffkreislauf. Der Rest wartet auf ein atomares Endlager, das es auf absehbare Zeit nicht geben wird. Das Desaster redet sich der letzte Betreiber schön. E.ON textet beinahe lyrisch „*Vom Kernkraftwerk zur Grünen Wiese*". Da drängt sich doch das alte Kinderlied auf: „*Heile, heile Gänsje, / es is bald widder gut …*". Nur eben nicht schon in „*hunnerd Jahr*". Dem steht simple Physik entgegen. Die Halbwertzeit von Plutonium 239 beträgt 24.000 Jahre. Daraus ergibt sich rein mathematisch eine Lagerungszeit der Brennstäbe von 240.000 Jahren. Hälfte, Viertel, Achtel und so weiter.

Warburger Börde
Hier wächst das weiße Gold

In Beverungen endet mein kurzer Flirt mit der Weser. Auf der Dahlhäuser Straße fahre ich hoch zur Warburger Börde. Die Straße führt durch ein immer enger werdendes Mittelgebirgstal und erreicht schließlich Dahlhausen. Der Marienwallfahrtsort zieht sich und versprüht den drögen Charme der Sechziger. Von seiner jahrhundertealten Korbmachertradition ist nur das ‚Haus des Weidenflechtens' geblieben. Dessen Vorplatz schmückt eine Kriegerdenkmalvariante, der ich bislang noch nicht begegnet bin. Auf dem Sockel steht ein martialischer Ritter mit Schwert, Schild und Engelsflügeln. Engelsflügeln! Zwischen seinen Beinen liegt ein getöteter Drache. Kopfüber, weil das den Helden heldenhafter macht. Laut Inschrift ist das Denkmal vier Jahre nach dem ersten Weltkrieg entstanden. Dahinter hat man später eine schlichte Betonwand errichtet. Dort sind die Namen der Mitbürger eingeritzt, die Adolf Nazi auf dem Gewissen hat. Eine Erinnerung an die Gräueltaten der Nazis suche ich vergeblich. Die Erinnerungskultur hat nicht nur hier weiße Flecken.

Es verbessert meine Stimmung nicht, dass hinter Dahlhausen der Himmel immer dunkler wird. Eigentlich hat die Landschaft im Regenschatten des Sauerlandes und der Egge den geringsten Niederschlag Westfalens. Shit Happens. Heute versagt der Schatten. Ich schaue mich nach einem Unterstand um. Die Agrarwüste ist fast baumlos. Schließlich finde ich eine Hütte. Die droht zwar schon beim ersten Blick einzustürzen, aber ich bin nicht in der Situation, Ansprüche zu stellen. Ich schaue mich in der muffigen Bruchbude um. Übernachten werde ich hier auf keinen Fall. Die Dachziegel sitzen locker, der Boden ist mit prähistorischen Kuhfladen gepflastert. Überall liegen heruntergefallene Balken herum. Offensichtlich ist hier seit Jahren niemand mehr gewesen.

Der Weltuntergang dauert nur eine Viertelstunde. Danach bahne ich mir einen Weg durch die nassen Brennnesseln und schiebe mein Rad im Nieselregen den Berg hoch. Hier beginnt die sanfte Hügellandschaft der Warburger Börde. Das Land ist fruchtbar. Zu verdanken hat es dies mehreren Eiszeiten. Gegen das, was damals an der Ostseeküste abging, war das bisschen Wolkenbruch eben ein Klacks. Ein kilometerdicker Eispanzer überdeckte das Land, Orkane tobten über die Eiswüste. Das Thermometer kam auf Minusgrade, bei denen selbst die Gedanken einfrieren. Als sich die Gletscher zurückzogen, zerrieben sie das Gestein. Zurück blieben feine Lösböden. Dieses feine Zerreibsel wurde von den Stürmen ausgeblasen und im Vorland als Löss abgelagert - ein Teil davon in der Warburger Börde. Darüber dürfen sich nun die Bauern freuen – bis zur nächsten Eiszeit.

In der Blut-und-Boden-Zeit trieb der Ackerbau in dieser Landschaft einen Professor Ludwig Maasjost zu lyrischen Absonderungen: *„Die Börde ist ein großes Ährenfeld. Trutzig und steif steht die Frucht da. Der Wind erfasst die Halme. Und dann beginnt das Wogen und Wiegen der Wellen, die unablässig über das Getreidemeer dahinrollen. Es kommt die Blüte. Zarte Staubschleier heben sich von den Ähren ab und wehen weit in die Felder fort, in die Gehöfte und Dörfer hinein. Die Ähren sind befruchtet. Die Halme wenden ihre Köpfe, und schwer hängt die Frucht gen Osten. Die grüne Farbe verbleicht immer mehr, die Halme werden weiß und gelb: die Ernte ist da und Gottes Segen steht über der Landschaft.* Die zweite Charakterpflanze der Bördelandschaft ist die Zuckerrübe. Sie wird hier erst seit 1880 angebaut. Bereits Mitte des 18. Jahrhunderts hatten unsere Vorfahren den Zuckergehalt der Runkelrübe immer weiter hoch gezüchtet. Heute liegt er bei zwanzig Prozent. Daher endet sie auch in der Zuckerfabrik von Warburg. Was dort aus der Rübe gepresst wird, ist nach gründlicher Behandlung nicht nur süß sondern so weiß, wie es andernorts nur das Salz ist. Es gibt der Landschaft den Beinamen ‚Land des weißen Goldes'. Die wirtschaftliche Bedeutung der anspruchsvollen Rübe ist in Löslandschaften wie der Warburger Börde immer noch groß, ihr Anteil an der weltweiten Zuckerproduktion ist jedoch drastisch gesunken. Nur noch ein viertel des weißen Goldes kommt aus der Rübe.

Maasjost findet auch für die Rübe poetische Bilder: *„Da stehen im Mai zwischen den hohen Getreidefeldern die geordneten Fruchtreihen, deren Linien sich in der Ferne allmählich zu einem einzigen Punkt sammeln. Zwischen ihnen bergen sich Hasen, Feldhühner, Wachteln, die von den schnell hochgeschossenen Halmfeldern verdrängt wurden. Es ist die Zeit zwischen Säen und Mähen. Der Mensch greift zur Hacke, und hier im Rübenfeld und zwischen den Kartoffeln findet er reichliche Arbeit. Im Oktober setzt die Rüben-Campagne ein. Auf der Zuckerfabrik ächzen*

104

die Maschinen von neuem, und schwefelgelbe Rauchschwaden schlagen mit dem Herbstwinde fort zur Börde."

Eine so fruchtbare Landschaft wie die Warburger Börde weckte Begehrlichkeiten. Im Mittelalter stritten sich die Mainzer und Paderborner Bischöfe um dieses Fleckchen Erde. Die Kämpfe führten zu zahlreichen Zerstörungen in Westfalen. Erzkatholisch ist die Region dennoch geblieben. Bäume und Kreuze halten sich hier die Waage. Das nächste Kreuz trägt die mahnende Innschrift *„Wachet und betet, denn ihr wisst weder den Tag noch die Stunde.* Diese Kreuze sollten Gottesfurcht erzeugen wie Kraftwerke Strom. Aber auch die Volksfrömmigkeit hat in der Warburger Börde ihre Spuren hinterlassen. Jedes Jahr pilgern sechs Millionen Gläubige nach Lourdes. Nach Borgentreich kommen nicht ganz so viele. Aber sie kommen. Am Ortsrand steht seit 1902 der Nachbau der Grotte von Lourdes. Nach einer Wallfahrt um 1900 hatte die Schwester des damaligen Schulleiters die Mutter Gottes im Gepäck. Sie nervte ihr Umfeld so lange, bis die im örtlichen Steinbruch mit der originalgetreuen Nachbildung begannen - für lau. Die Dame muß beeindruckend energisch gewesen sein. Auch in anderen katholischen Gegenden Deutschlands wurden solche Grotten errichtet. Sie ist aber die Einzige mit dem Segen des Papstes und der Denkmalschutzbehörde.

Hinter Borgentreich prägt der Basaltkegel des Desenberg die Landschaft. Das ist ganz hübsch anzusehen, auch weil die Burgruine dem Ganzen einen romantischen Touch gibt. Kein Wunder, dass das Ensemble bei Malern und Fotografen beliebt ist. Es zeigt sich heute leider nicht von seiner besten Seite. Wenigstens regnet es grad nicht. Karl der Große besuchte den Berg. Allerdings dürfte sich im ehemaligen Sachsenland kaum ein Ort finden lassen, den er nicht in seiner sehr speziellen Art besucht hat. Einzigartig macht den Ort das später gestreute Gerücht, er sitze noch heute da oben, bewacht von Zwergen. Dem widerspricht jedenfalls nicht, dass Forscher trotz intensiver Suche im Aachener Dom kein Grab gefunden haben.

SAUERLAND
Die holländischen Alpen

Auf ihrem Weg vom nordöstlichen Rothaargebirge zur Weser kommt die Diemel am Desenberg vorbei - in trauter Zweisamkeit mit ihr auch die Bahnstrecke von der nordhessischen Metropole Hofgeismar ins Hochsauerland. Wir werden uns eine Weile begleiten. Unglücklicherweise kommt mir die Diemel entgegen, ich jedoch dem Hochsauerland. Während der Grenzfluss zum Hessischen den Weg talwärts locker und mit Bestnote schafft, bin ich eher froh, dass mich hier niemand kennt. Wenn ich nicht grad schiebe, ächze ich rotgesichtig den Berg hoch. Das hat nichts Anmutiges.

Ehe es richtig hässlich wird, darf ich mich noch für ein paar Kilometer in sanft gewellter Bördelandschaft ausruhen. An deren Rand liegt Hohenwepel. Hier ist nur der Wasserturm hoch. Das lässt mich kalt. Rauf kann ich weder, rauf will ich nicht einmal im Traum. Seine vierzig Meter Backstein verdanken ihre Existenz einer Katastrophe. 1912 brannte das Dorf fast vollständig nieder. Es war ein trockener Sommer, viele Brunnen versiegten. Aus Wassermangel beschränken sich die Löschmannschaften auf das Einreißen der brennenden Häuser. Mehr war nicht drin. Das alles war so ähnlich bereits 1830 abgelaufen. Verständlich, dass die braven Leute keine Lust auf eine Wiederholung hatten. In ihrer Not taten sie etwas, das Kommunalpolitikern bis heute schwerfällt: sie arbeiteten mit den Nachbarn zusammen und gründeten einen Wasserzweckverband. Der wiederum baute den Wasserturm, vor dem ich jetzt stehe. Noch hundert Jahre später sorgt er anmutig für Druck in den Leitungen. Heute gebaut, stände ich vor einem hässlichen Betonklotz. Darauf würde ich meine mittlere Rückseite verwetten.

Nicht ganz so alt ist das zweitoriginellste Gebäude im Ort, das Blockheizkraftwerk am Ende des Dorfes. Es verschwindet fast hinter haushoch aufgetürmten Baumstämmen, die beängstigende Kaskaden bilden. Ich bin froh, dass ich dort nicht arbeiten muß. Während der Rest der Welt mit dem Öl und Gas von Diktatoren heizt, das die größten Konzerne der Welt teuer weiterverkaufen, hat sich dieses kleine Dorf zwischen Warburger Börde und Sauerland für einen Weg entschieden, der sich angesichts des Waldreichtums seiner Nachbarn aufdrängte. Eins rauf mit Mappe.

Ein Dorf weiter bewacht eine neuromanische Basilika die belebte Kreuzung. Jedenfalls kommt mir das so vor. Ossendorf entstand dort, wo sich zwei frühgeschichtliche Handelsstraßen trafen: die ‚Alte holländische Straße'- die heute die schnöde Bezeichnung Bundesstrasse sieben trägt - und der Handelsweg zur Weser. Während ich dem Hochsauerland entgegenradele, wird es deutlich kühler. Auf der Bundesstraße ist auch spätabends noch viel los. Dafür könnte man in den Zugabteilen der Bahnstrecke Rockgruppen üben lassen, ohne jemanden zu stören.

An der Diemelbrücke vor Wrexen stehen zwei Parkbänke am Waldrand. Der leicht erhöhte Ansitz ist von der Straße kaum zu erkennen. Das denke ich jedenfalls zunächst. Dahinter gibt es eine halbwegs flache Stelle am Hang, die groß genug für mein Biwak ist. Ich sitze noch bis tief in die Nacht auf der Bank und schaue dem Verkehr zu, der aus drei Richtungen auf meine Kreuzung zurollt - von Warburg, Brilon und über die Brücke aus dem hessischen Wrexen. Der Dorfname geht nicht auf einen Asterixfan zurück, sondern ein Kraut, das hier in der Gegend wächst. Keine Ahnung, wozu es gut sein könnte. Während ich von meinem Logenplatz dem kleinen Grenzverkehr nach Hessen zuschaue - was fast so gut wie Breitbandkino ist - hält ein verbeulter Kastenwagen in der Dämmerung an. So unsichtbar, wie ich dachte, bin ich offensichtlich nicht. Ein Typ steigt aus und kommt auf mich zu. Ein Gedankenblitz sagt mir: *„Drückerkolonne!"*. Tatsächlich fragt er mich, ob ich Arbeit suche. Nein, ich bin kein *‚Hobo'*, auch kein *‚Tramp'*. Eher eine Art Naturfreunde-Hippie. Was weiß ich – ist das wirklich wichtig?

Am nächsten Morgen ist sie wieder da, die Schneckenplage. Der Tag beginnt mit einem Sonne-Wolken-Gemisch. Während ich auf meiner Stange Duplo herumkaue, bekomme ich Besuch von einer Großmutter mit Enkelkind. Der Kleine kann kaum laufen, hat aber bereits eingehende Kenntnisse darüber, wie man einen Haselnussstrauch fachgerecht zerlegt. Wenn das unsere Zukunft ist, sollten wir bald die letzte Party feiern. Erst als er sich auch dem Buggy zuwendet, beginnt Omi unruhig zu werden. Als ich bereits mein Gepäck vollständig verpackt habe, verschwindet die Nervensäge und ihr lethargisches Wachpersonal. Die beiden werden von einem Rentner mit einem altersschwachen Schäferhund abgelöst. Wer sagt, dass Provinz nicht spannend sein kann? Nach dem üblichen Woherwohin erklärt er mir, dass die Grenze zum hessischen Wrexen in der Mitte der Diemelbrücke verläuft. Hatte ich mir schon gedacht. Grenzland ist die Gegend seit Jahrhunderten. Hier im Tal verlief schon die Grenze zwischen dem ehemaligen Fürstentum Waldeck und Preußen und zwischen evangelischen und katholischen Christen. Da sie schon lange nicht mehr zollpflichtig ist, beglücke ich Wrexens Niedriglohndrogerie mit meiner Anwesenheit. Nachdem ich die Wasservorräte aufgefrischt habe, blase ich zum Angriff auf die Höhen des Sauerlandes. *„Tröt,tröt!"* Durch das Nadelöhr der Bundesstraße geht der gesamte östliche Verkehr nach Brilon und Winterberg. Gemütlich ist die Strecke nicht.

Kurz vor der Autobahn steht ein weißer Grenzstein. Hier verlief im 19ten Jahrhundert die Grenze zwischen den alten Kreisen Büren und Warburg. Dahinter passiere ich eine Baustelle, die Radfahrer nicht vorsieht. Da ich wenig Lust habe, von Autofahrern gelyncht zu werden, die hinter mir herzockeln müssen, schlage ich mich über die aufgerissene Straßenseite bis zum Ende der Baustelle durch. Vergnügungssteuerpflichtig ist das nicht. Der neue Autobahnanschluss wird den Verkehr sicher nicht reduzieren. Das Auto folgt dem Asphalt, wie das Löwenrudel den Antilopen. Alte afrikanische Weisheit. Ist im Bundesverkehrsministerium leider noch nicht angekommen - aber bis zum Ende des Universums bleibt noch ein wenig Zeit.

Nach einer Badewanne Schweiß liegt die westfälische Kinder- und Jugendklinik Marsberg vor mir. Ein Backsteinbau aus Achtzehnebbeswas, wie wir Hessen sagen würden. Der preußische Reformer Freiherr Ludwig von Vincke ließ das Gebäude als Irrenanstalt errichten. Davor hatte man alle, die nicht tickten wie der Rest der Horde, vorzugsweise in Ketten gelegt und dahinvegetieren lassen. Wie das ausgesehen haben wird, zeigen die Bilder aus rumänischen Anstalten, die nach dem Ende der Diktatur unsere Wohnzimmer erreicht haben.

Der Freiherr gab ihnen die Menschenwürde zurück. In Häusern wie diesen wurden sie erstmals als Kranke wahrgenommen und behandelt. Die Anstalt war eine seiner vielen sozialen Initiativen. Der Spross aus altem westfälischem Adelsgeschlecht gehörte dem Reformerkreis um Freiherr von Stein an. Preußen übertrug ihm die Aufgabe, hinter Napoleon herzuräumen. Das machte er besser, als es den Preußen lieb sein konnte. Dennoch haben sie ihn machen lassen. Fast drei Jahrzehnte war er für das Land zwischen Rhein und Weser verantwortlich und führte es zum freiheitlichsten und fortschrittlichsten Teil des verkrusteten preußischen Staatsgebildes. Vor allem aber gelang es ihm, aus den zwanzig Einzelstaaten das Staatsgebilde ,Westfalen' herauszubilden. Eigentlich ein Grund, ihm an jeder Straßenecke ein Denkmal zu setzen. Aber da stehen ja schon die Steinkreuze und Kriegsdenkmäler.

Ich mühe mich weiter bergauf und bin sehr dankbar, dass die Sonne nicht brennt. Auch so rinnt mir der Schweiß über die Kaskaden meiner Bauchfalten. Hier, an der östlichen Pforte zum Sauerland, begann Karls Jagd auf die Sachsen. Bereits unmittelbar nach der Reichsversammlung in Worms brach er im Juli 772 mit seinem Heer auf. Sein Ziel war der nun vor mir liegende Eresberg. Die Annales Pettaviani schreiben: *„Er eroberte die Eresburg und gelangte an den Ort, der Ermensul heißt, und setzte diese Orte in Brand.“* Die Zerstörung der *Irminsul* auf dem wichtigsten Kultplatz der Sachsen führte zum offenen Aufstand. Die Irminsul war wohl ein hoher Baum oder Holzstamm. So genau wissen die Historiker das nicht. Wie das Kultobjekt auch immer ausgesehen haben mag, es war wichtig für die Sachsen. Sie sahen darin ein Sinnbild für die Weltsäule. Und ohne die hatten die nordischen Völker Angst, dass ihnen der Himmel auf den Kopf fällt. Über Hägar fand diese Vorstellung sehr viel später Eingang in die Weltliteratur.

Als Duftmarke hinterließ er eine Holzkirche. Bereits drei Jahre später kam er auf seinem nächsten großen Feldzug wieder hier vorbei. Zehn Jahre später überwinterte er sogar auf dem Tafelberg und ersetzte die Holzkirche durch eine robustere Basilika. 799 soll sie von Papst Leo III. auf seiner nicht ganz freiwilligen Spritztour nach Paderborn geweiht haben. So ganz sicher sind sich die Historiker auch da nicht. Sicher ist jedoch, dass sein frommer Sohn auch den Tafelberg samt Kirche und Benediktinerkloster den braven Brüdern der Abtei Corvey schenkte. Blieb denen angesichts all dieser Schenkungen noch Zeit zur Einkehr? So eine Schenkung ging sicher nicht ohne große Fête ab. Natürlich nannte man das in diesen Kreisen nicht so.

Ich verlasse die geschichtsträchtige Gegend bergaufkeuchend - wie könnte es auch anders sein. Kurz vor Bredelen fahre ich an einem römischen Meilenstein vorbei. Seit zwei Jahrtausenden steht er hier gelangweilt wie Douglas Adams Marvin herum. Angesichts der ortsüblich eher rauen Witterungsbedingungen sieht er allerdings noch recht frisch aus. Ein Wunder ist es, dass er überhaupt noch steht. Im Mittelalter nahm man das Baumaterial nicht nur aus Steinbrüchen. Den Häuslebauern entwischt, erinnert er bis heute an eine der vielen Römerstraßen, die kreuz und quer durch das Imperium Romanum verliefen. Auf ihnen verschoben und versorgten sie ihre Truppen. Über sie kam der Reichtum ferner Länder ins Reich. Für viele Historiker ist der Straßenbau die wichtigste Kulturleistung der Römer. Wie hier verlaufen auch andernorts noch moderne Straßen auf den alten Trassen. Das zeigt, wie intelligent sich die Straßenbauer des Imperiums durch Europas Landschaften gepflastert haben.

Der Meilenstein teilt mir mit, dass es bis zur einstigen Römermetropole ‚Coeln' noch fünfundzwanzig Meilen sind. Das sind fünfundzwanzig Mal tausend (‚mille') Doppelschritte. Damals musste man noch die Füße bewegen, um von einem Ort zum anderen zu kommen. Subjektiv liegt Köln für mich noch auf einem anderen Kontinent. Für viele Sauerländer wohl auch.

Am Osthang des Ginsterkopfes erreiche ich Brilon-Wald, eine der jüngsten Siedlungen Nordrhein-Westfalens. Sie entstand, weil die Betreibergesellschaft der Oberen Ruhrtalbahn zu geizig war, die Bahn über Brilon zu führen. Bis hier der Bahnhof des Hochsauerlandstädtchens entstand, gehörte die Gegend Jägern, Holzfällern und Köhlern. Das änderte sich mit dem Bahnanschluss. Bereits 1880 wurde hinter dem Bahnhof aus Buchenholz industriell Kohle, Essig und Teer hergestellt. Seit 1992 ist hier Schicht am Schacht. Das Gelände wird gerade saniert. Bagger schaufeln emsig Erdreich auf Hinterlader, die ihre Last auf der gegenüberliegenden Straßenseite abladen.

Hinter dem Ort geht es zur Abwechslung wieder steil bergauf. Vor Ellringhausen erreiche ich atemlos die Wasserscheide zwischen Rhein und Weser. Die Bergkette vom Langenberg im Norden bis Winterberg im Südwesten bildete über Jahrhunderte einen natürlichen Grenzwall zwischen den beidseits lebenden Völkern, lange Zeit auch zwischen den Franken und Sachsen. Nach der Reformation wurde die Bergkette zur Konfessionsgrenze. Wo wir gerade bei der Metaphysik sind: auf dem Kamm blinkt und glitzert mir eine moderne *Irminsul* entgegen. Der etwa zehn Meter hohe geschnitzte Eichenstamm ist Teil der Infostation *"Im*

Wald wächst Wärme". Ein bronzenes Feuerband umschlingt ihn. Es endet in einer symbolischen Flamme aus glänzenden Titanblechen. *„Die Feuereiche soll die Entwicklungsgeschichte der Menschheit mit den immer knapper werdenden Ressourcen im Zusammenhang mit den positiven und negativen Auswirkungen des Feuers zeigen"* teilt die Landesforstverwaltung mit. Ich denke mir *„Warum net, wenns schee gemacht is!"* Und das ist es.

Ich überquere die Wasserscheide und fahre hinunter ins Tal. Die Straße führt am Istenberg entlang. Auf dem Berg überragen die Bruchhauser Steine wie Zacken einer riesigen Krone die gesamte Region. Die gewaltige Formation aus hartem Quarz ist vor vierhundert Millionen Jahren entstanden. Wer etwas länger sucht, findet da oben Meerestiere. – zum Verzehr allerdings ungeeignet. Verantwortlich für das Phänomen sind gewaltige Kräfte, die hundert Millionen Jahre später emporgehoben, zusammengeschoben und zerbrochen haben, was einst Meeresboden war. Keine gemütliche Zeit. Später verwitterten die Gebilde aus Grauwacke und Tonschiefer. Übrig blieben die fast unkaputtbaren Quarzsteine und ein steiniger, schluffiger Lehm, der an Regentagen die Wanderschuhe doppelt so schwer macht. Und eben auch eine Menge versteinerte Meeresbewohner.

Vor zweieinhalbtausend Jahren nutzten unsere Vorfahren diese Laune der Natur, um eine gigantische Festungsanlage zu bauen. Sie verbanden einfach die Steine miteinander. Das ersparte ihnen einen Haufen Arbeit. Wenig ist bis heute darüber bekannt. Vermutungen gehen dahin, dass der Ort auch als Versammlungsplatz mit Felsheiligtum genutzt wurde. Im frühen Mittelalter soll die Anlage recycelt worden sein. Heute nutzen Wanderfalken die steilen Wände für ihr Brutgeschäft. Kein Krieger stört die majestätischen Vögel dabei.

Unten im Tal liegt Bruchhausen, ein Ort der Superlative. Auf dem Rücken des gegenüberliegenden Berges haben Vermessungsingenieure den höchsten Punkt Nordrhein-Westfalens ausgemacht. Pech nur, dass der in dichtem Gehölz liegt. Konditionaler Fernblick zieht keine Touristen an – was nicht jeder bedauert. Das Dorf zu seinen Füßen hingegen ist eines der schönsten Europas. Das hat der Bürgermeister schriftlich.

Das nächste Dorf kann zwar mit keinem Superlativ aufwarten, dafür aber mit keinem Geringeren als dem ultimativen ‚Dichter des Sauerlandes'. Friedrich Wilhelm Grimme hat hier das Licht der Welt erblickt. 1858 teilte er einem Freund mit: *„Ich schreibe an einer Art Roman, dessen*

Inhalt Du ungefähr aus dem vorläufig gewählten Titel ‚Memoiren eines Dorfjungen'
erraten kannst. Der Dorfjunge ist im Grunde kein anderer als meine eigene liebens-
werte Persönlichkeit in ihren Blagenjahren. " Die Erzählung beginnt in geselli-
ger Weinrunde: *„Man sollte es doch aufschreiben, all das liebe Zeug aus den*
seligen Zeiten ..." Es folgt ein Meisterstück feinster humoristischer Klein-
kunst. Mit kernigem Humor hat er später im Klassiker *„Das Sauerland*
und seine Bewohner" ein Sittengemälde seiner Zeit abgeliefert. Ganz so,
wie es die Droste einige Jahre vorher für ihr geliebtes Westfalen tat. Mit
seinen Schwänken und Gedichten machte er das saueråländische Platt
salonfähig. Das war wichtig für die Bewohner einer Gegend, die für die
Preußen nur das ‚westfälische Sibirien' war. Die dankbaren Dörfler von
Assinghausen haben ihrem Superstar ein Denkmal gesetzt. Die Por-
traitbüste steht in der Dorfmitte, unterhalb der Kirche, umgeben von
herausgeputzten Häusern aus Fachwerk und Schiefer. Jedes zweite davon ist heute ein Gasthaus oder eine Ferienwohnung. In diesem Disneyland für gehobene Ansprüche liegt gepflegte Erholung jenseits der
Bettenburgen an den Traumstränden dieser Welt in der Luft.

Hinter Assinghausen treffe ich auf den Ruhrtalradweg, dem ich nun bis
zur Ruhrquelle unterhalb von Winterberg folgen werde. Leider klebt er
für längere Zeit an der stark befahrenen Bundesstraße nach Winterberg.
In Niedersfeld trennen sich beide endlich. Nun geht es wieder einmal
unkommod bergauf, allerdings in eine hübsche Siedlung mit Einfamili-
enhäusern. Gegenüber verhindern terrassenförmig angelegte Apparte-
mentanlagen, dass mir vor lauter Wald langweilig wird. Sie sind in dieser Ferienregion nicht selten. Häufig werden die Zweitwohnungen nur
für wenige Wochen im Jahr genutzt. Das haben sie mit Urbanisationen
gemeinsam, die an den Mittelmeerküsten öde Pinienhänge in atemberaubendem Tempo bereichern. Ob das den Bewohnern hier gefällt? Am
Mittelmeer jedenfalls regt sich zunehmend Widerstand gegen die Be-
tonverkrustung der Küsten.

Für den kleineren Geldbeutel gibt es Dauerstellplätze auf den zahlreichen Campingplätzen. Die kommen wenigstens ohne Betonversiege-
lung aus. Angesichts der bereits hereinbrechenden Dämmerung beschließe ich, mir auch so einen Platz zu suchen, statt mich irgendwo in
die Büsche zu legen. Was ich suche, finde ich kurz hinter Niedersfeld.
Ein ebenso freundlicher wie rundlicher Papabär mit lobsterroter Haut
sitzt in der Empfangshütte. Ich entrichte meinen Obolus zu seinem

Lebensunterhalt und erstehe eine Duschmarke. Die Dauercamper haben in der hintersten Ecke des Platzes ein Stückchen Rasen für Nomaden freigehalten. Ein einsames Kuppelzelt steht dort bereits, davor eine sportliche Nobelkarosse aus Bayern und ein Mountainbike, das vermutlich mindesten fünfmal so teuer war wie meine klapprige Rosinante. Kaum habe ich mein winziges Biwakzelt aufgebaut, sehe ich die Hand vor meinen Augen nicht mehr. Die doofe Erdrotation macht auch heute keine Pause. Der Westdeutsche Rundfunk meldet die Festnahme von belgischen Armeeangehörigen der rechten Gruppe *„Blut, Boden, Ehre, Treue"*. Sie waren dabei erwischt worden, als sie Waffen ankauften. Dumm gelaufen. Der Wetterbericht bereitete mich auf eine unangenehme Nacht mit Abkühlung bis fünf Grad und teilweise Bodenfrost vor.

Ich überstehe die klirrende Kälte der sternklaren Nacht mehr zitternd als schlafend. Was ich nach häufigem Aufwachen durch die schmale Zeltöffnung sehe, ist schon lange vorbei. Da oben soll sogar der *Big Bang* noch zu sehen sein. Jedenfalls im Prinzip, wenn auch nicht für mich. Mir reicht, was ich mit bloßem Auge sehen kann. Eine kleine Entschädigung für das arktische Abenteuer.

Als es wieder hell wird, ist kann ich mich in die armen Echsen hineinversetzten. Jedenfalls glaube ich das. Mir ist kalt, ich friere und will nicht aufstehen. Ein unaufschiebbares Bedürfnis lässt mir jedoch keine Wahl. Mit starren Gliedern krieche ich aus dem Biwak. Im Gegensatz zu den vielen Kaltblütern auf dieser Welt bin ich allerdings im Besitz einer Duschmarke. Die Krone der Schöpfung hat immer einen Joker in der Hand. Na ja, manchmal jedenfalls. Ob das unsere Überleben sichern wird? Meines heute schon. Dies aber auch nur, weil es mir der Niederländer vor mir nicht nachträgt, dass unsere Großväter sein Land überrollt haben. Campersolidarisch teilt er mit mir sein Geheimwissen und kurze Zeit später umgibt mich ein wohltemperierter Wasserfall. Als ich aus der Dusche komme, treffen mich die ersten Sonnenstrahlen. Ich lasse mir viel Zeit, die Treppe zum schattigen Zeltplatz hinabzusteigen. Unten angekommen packe ich so schnell wie nie wieder vor- und nachher. Daher finde ich mich zu einer Zeit auf dem Ruhrtalradweg wieder, in der die meisten Nachkommen der südlichen Sachsen noch am Frühstückstisch sitzen. Man kann auch Flucht nennen, was ich da gerade abziehe. Untertitel: *„Der aus der Kälte kam"*.

Im Ruhrtal hinter Niedersfeld schießen die Bäche nahe der Quelle ins Tal. Das ist für die Kariere der Ruhr nicht von Nachteil. Der Ruhrradweg hinter dem Campingplatz ist nur ein unbefestigter Waldweg, keine Radlerautobahn. Wohl dem, der breite Reifen hat. Viele Radler kommen mir entgegen, keiner überholt mich. Alles Warmduscher. Ich folge dem Schild, das frech behauptet, bis zur Ruhrquelle am Nordhang des Ruhrkopfs sei es nur noch ein klitzekleiner Kilometer. Nach einer halben Ewigkeit habe ich genug von dieser Verarschung und will umkehren. Plötzlich höre ich Türenschlagen aus dem Dickicht. Es geht also auch müheloser. Wenig später stehe ich vor der Quelle. Was auch immer ich erwartet habe: sie ist enttäuschend unspektakulär. Angesichts der Tatsache, dass sie der größten Industrieregion Deutschlands ihren Namen gibt, habe ich eine bessere Performance erwartet. Ein dünner Strahl rinnt aus einem Vorgartenmäuerchen. Nun ja, jeder Fluss muss klein anfangen – aber so00 piefig? Das Wasser schmeckt neutral, auch dies ist Enttäuschung pur. Eine Pensionärin fragt mich nach dem Ruhrradweg aus. Ihr Mann wolle ihn mit Freunden fahren. Man habe ihnen empfohlen, von Essen aus loszufahren. Von Essen? Wer es sportlich mag, kommentiere ich trocken. Ab einem gewissen Alter muß das der Gesundheit aber nicht zwangsläufig besonders zuträglich sein. Da unten im Tal haben sie offensichtlich keine Vorstellung vom bergauf fahren, wenn sie ihre gemütlichen Kreise rund um den Baldeneysee ziehen.

Ich erreiche geraume Zeit später keuchend die Winterberger Hochfläche. Die Siedlung beginnt mit der ‚Remmeswiese'. In orwellscher Sprachverquerung handelt es sich dabei um tatsächliche und künftige Gewerbeflächen. Sofort aktiviert sich mein frühsteinzeitliches Sammlergen. Kurze Zeit später stehe ich mit vielen anderen Sammlern in der kahlen Halle eines Discounters, dessen europaweit normierte Hülle in diese Landschaft wie die Faust aufs Auge passt. Die älteren Häuser sind hier oben mit schwarzgrauem Schiefer verkleidet. Das Baumaterial drängte sich auf, weil es hier bis heute herumliegt. Denen, die auf dieser ‚Wiese' gebaut haben, geht das am Allerwertesten vorbei. Ob das gut für die Tourismusregion ist?

Auch der Vergnügungstempel nebenan könnte in einem beliebigen europäischen Gewerbegebiet stehen. Er ist einer dieser pseudobayerischen Apres-Ski-Tempel, die im Tageslicht ebenso deplaziert wie lächerlich wirken. Allabendlich sind sie jedoch selbst im Sommer so brechend voll, dass sie den Clubs auf der Partyinsel Ibiza kaum nachstehen. DJ Ötzi verdient mit jedem abgenudelten *„Ich bin so schön, ich bin so toll, ich bin der Anton aus Tirol."* nicht schlecht an diesem Wahnsinn. Andere auch nicht. Würden sie sich in echten Höhlen treffen, fände ich das auch in Ordnung.

In der Innenstadt sind die Terrassen der Restaurants voll. Die rüstigen Rentner stellen die Mehrheit. Wer keinen Platz an der Sonne gefunden hat, der führt seinen hungrigen Bauch wenigstens auf der Sonnenseite aus. Und an Bäuchen mangelt es diesem Biotop nicht. Die goldene Scheibe brennt Löcher in meine Haut. Ich kann mir bei diesem Mallorcawetter kaum vorstellen, dass es hier von Anfang Dezember bis Ende März *„Ski und Rodel gut!"* heißt und die Baumwipfel unter der Schneelast brechen Das ändert sich kurze Zeit später. Was hier im Winter los ist, zeigt der Großraumparkplatz vor mir. Auf jedem halbwegs annehmbaren Hang stehen Skilifte. *„Wo es schön ist, ist es voll und seitdem nicht mehr so schön"* hat Wolf Schneider das Dilemma des Tourismus beschrieben. Auf der Winterberger Hochfläche ist die Unterwerfung der Natur unter die Bedürfnisse der Großstädter nicht zu übersehen.

Hinter Winterberg wollen alle Niederländer und Belgier gleichzeitig hoch zum Kahlen Asten. Die endlose Schlange lärmender und stinkender Blechkisten verdirbt meinen Appetit auf Fernsicht. Also geht es für mich weiter bergab. Die kurvenreiche Landstraße durch eines der waldreichsten Gebiete Deutschlands ist kaum befahren.

Siegerland
Vom Quellenland zum Rhein

Auf den Höhen im nordöstlichsten Zipfel des Siegerlandes liegt das Quellenland. Weit über zwei drittel der Fläche sind mit Wald bedeckt. Neben der Sieg, die ich bis zur Mündung in den Rhein verfolgen will, plätschern hier Eder und Lahn talabwärts, Rhein und Fulda entgegen. Noch liegt der Rhein für mich in weiter Ferne. Die Sieg braucht rund hundertfünfzig Kilometer für die Strecke, die sie ohne Eile und selten mehr als knietief zurücklegt, obwohl sich doch ihr Name vom keltischen *sikkere* (,schneller Fluss') ableitet. Oberhalb von Walpersdorf tritt sie ans Tageslicht, nur wenige Kilometer von der Ederquelle entfernt. Hier führte seit keltischer Zeit die Eisenstraße vorbei. Die Landstrasse folgt der alten Handelsstrasse. Sie verband die hessische Wetterau über die Höhen des Rothaargebirges – die Täler waren zu sumpfig - mit dem westfälischen Raum.

In der Bad Berleburger Fußgängerzone tanzt der Bär. Gott sei Dank ist er ausgestopft. Dafür sind die beiden Falkner neben ihm so echt wie die Tiere mit ihren furchterregenden Schnäbeln, die auf ihren Lederhandschuhen sitzen. Es ist gerade ,Holzmarkt'. Mit ihm feiert die Stadt das wichtigste Kapital der Region. Der Kreis Siegen-Wittgenstein ist der waldreichste Kreis in der Bundesrepublik. Viele leben hier vom Wald. Auch die Berleburgsche Rentkammer ist mit einem Stand auf dem Markt vertreten. Die private Forstverwaltung des Prinzen zu Sayn-Wittgenstein-Berleburg will die europäische Version des Bisons auf seiner nahezu unzerschnittenen Waldfläche wieder heimisch machen. Der letzte freilebende europäische Wisent ist vor zweihundertfünfzig Jahren in Ostpreußen gewildert worden. Anfang des zwanzigsten Jahrhunderts hat es dann den letzten überhaupt erwischt. Er hatte sich im Kaukasus versteckt. Genutzt hat es nix. Ganze zwölf haben in Zoos überlebt. Einige ihrer Nachfahren sollen nun das Rothaargebirge besiedeln. Das macht nicht alle in der Region glücklich. *„Gantz wild und ungestalt"* sei der Wisent, schrieb der mittelalterliche Naturforscher Conrad Gesner. Seine übermannshohe Schulterhöhe und sein Tonnengewicht bestaunen viele lieber im Tierpark als im eigenen Vorgarten. Dabei fühlt sich der Wisent so richtig wohl nur im Mischwald. Zweibeiner interessieren ihn nur mäßig. Das war früher anders. Unsere Vorfahren musste er fürchten. Höhlenmalereien in Frankreich und Spanien beweisen, dass er im Mittelpunkt ihres Lebens stand. Vor allem auf ihrem Speiseplan. Darauf hätten die Wisente gerne verzichtet.

Ich für meinen Teil hätte gerne auf die Begegnung mit den beiden überdimensionierten Wolfsnachfahren verzichtet, die mich oberhalb von Hemschlar fast umrannten. Und auf den Kunstflieger, der seit einer halben Stunde über mir seine Loopings dreht. Sein Motor brummt den blauen Himmel voll und mir die Ohren zu. Wieder so ein Hobby, das einen glücklich macht und viele nervt.

Ich habe mein Biwak am Waldrand aufgeschlagen. Die Landschaft sieht aus, als hätte jemand eine Seite aus einem Märchenbuch herausgerissen. Sie ist großartig. Hügel und endlose Wälder bis zum fernen Horizont. Irgendwann geht dem Kunstflieger der Sprit aus. In der perfekten Landschaft ist nun über allen Wipfeln Ruhe. Der Himmel ist am späten Abend noch so blau, als hätte Photoshop nachgeholfen.

Am nächsten Morgen robbe mich schlaftrunken aus der engen Öffnung des Biwaks und vermeide mit einem akrobatischen Akt, in den Brombeerdornen zu landen. Das Gras vor meiner Höhle ist nass und jede Faser meines Körpers drängt mich, noch etwas Augenpflege zu betreiben. Ich komme mir zerzaust vor wie ein Waldschrat. Während ich noch dabei bin, mich zu sortieren, geht ungefragt die Sonne auf. Ich nehme Kamera und Stativ in die Hand und renne über das nasse Gras. Die Täler liegen noch unter wabernden Nebelschleiern. Es ist still, der Wind schläft noch. Die Wipfel ruhen sich aus. Gegen so viel Romantik hilft nur eine Dosis Heine: *„Das Fräulein stand am Meere / Und seufzte lang und bang, / Es rührte so sehre / Der Sonnenuntergang. / Mein Fräulein! Sein Sie munter, / Das ist ein altes Stück; / Hier vorne geht sie unter / Und kehrt von hinten zurück. "*

Ich nehme Kurs auf Siegen. Der interkommunale ‚Industriepark Wittgenstein' auf der Anhöhe oberhalb von Schameder ist mitten in die Kulturlandschaft gefräst und verspricht auf einem monströsen Schild noch mehr davon. Andere tragen hier orwellsche Namen wie ‚Hirschgrund' oder ‚Edertal'. Es schwillt mir der Kamm. Diese Verarschung hat System. Sie verniedlicht, dass sich der Wirtschaftswachstumswahn gnadenlos in unsere Landschaften frisst. Ohne Sinn und Verstand schaffen hier Planer vom Bürgermeister bis hin zur Landesplanung die

Ruinen der nächsten Jahrzehnte. Die Leute in der Region wollen nicht von Sozialhilfe leben. Logo. Dennoch darf die Frage erlaubt sein, ob es nicht einen Tick intelligenter geht. Wer sehen will, wie Entwicklung ohne ‚Industriepark' geht, der sollte nach Varese Ligure in den Apenninen fahren. Die Kleinstadt hat vor zwanzig Jahren auf grüne Ökonomie umgestellt. Aus einem bitterarmen Nest in Wurfweite zum Touristenmagneten Cinque Terre wurde das ‚*Valle del Biologico*'. Nix wie hin und abgucken, wie es geht.

Im Tal fahre ich am Gasthof ‚Zum Nachtwächter' vorbei. Mit der Ruhe wird es hier wohl bald vorbei sein, wenn die Lastkraftwagen durch den Ort brausen, um das Industriegebiet an den Rest der Welt zu binden. Das soll das bessere Leben sein?

Bei Erndtebrück ist die Landschaft wieder angenehm flach. Die Bundesstraße ist zur besten Kirchgängerzeit erstaunlich voll. Das tue ich mir nicht länger an und weiche auf eine Nebenstrecke aus. Jetzt muss ich nur noch lebend über die Straße kommen. Geschafft. Die kaum befahrene Landstraße nach Benfe schlängelt sich durch sattgrüne Weiden, später durch Wald. Ihr kleiner Schönheitsfehler: es geht bergauf. Hinter dem Wald liegt das Dörfchen Benfe. Dessen erste Siedler waren Köhler. Durch den Ort führte die Kohlenstraße zwischen Wittgensteiner Land und Siegerland. Das ist schon lange Geschichte. Seitdem scheint sich nicht viel getan zu haben. Die Dorfstraße hat Schlaglöcher mit dem Durchmesser von Klodeckeln. Meine Bandscheiben tanzen Tango. Niemand ist zu sehen, es herrscht gespenstische Stille in ‚*the middle of nowhere*'. Manche Häuser sehen aus wie Provisorien. Ein eher trostloses Nest. Ich bin froh, als ich das Ortsschild mit dem roten Querbalken erreiche. Gewesen sein muss man hier nicht.

In Netphen ist die Sieg bereits einige Meter breit und in ein steinernes Korsett gezwängt. Auf dem Dorfplatz findet ein lahmes Volksfest statt. Ein stiernackiger Zentnerkoloss interpretiert vor unbeeindrucktem Publikum Popsongs so falsch, dass es weh tut. Die Bankreihen sind zwar reichlich gelichtet, dennoch schaufeln einige Unermüdliche stoisch ihren Eintopf in sich hinein. Sieht so ein typisches Sonntagmorgenvergnügen im Siegerland aus? Besser nicht fragen.

Wenige Kilometer talabwärts verspricht die noble ‚Landgasstätte Bittenbach' mehr Ruhe und kulinarischere Vergnügen für diejenigen, die angesichts der Preise nicht blind werden. Auf dem Parkplatz steht ein

Automobilmuseum. Besonders beeindruckt bin ich von einem schwarzen Rolls Royce, dessen blank geputzte Chromteile in der Sonne blitzen. Automobilfetischisten lieben diesen Landstrich. Oft rotten sie sich zusammen und machen eine Spritztour.

Leider sind hier nicht nur die Exoten unterwegs. Das wäre noch zu verkraften. Ohnehin verbringen deren Besitzer mehr Zeit unter als im Wagen. Bereits vor Siegen beginnen die Betonorgien für den Verbrennungsmotor. Die Bundesstraße wird hier auf eine autobahnähnliche Schnellstraße geführt, die auf Stelzen talabwärts wandert, vorbei an der Siegener Uni, die vom Berg auf sie herabblickt. Ästhetisch nehmen sich beide nichts. In dem Betonklotz werden auch Bauingenieure und Verkehrsplaner ausgebildet. Das macht Sinn. Wer wissen will, was man auf keinen Fall mit einem Mittelgebirgstal veranstalten sollte, muß nur vor die Tür gehen. Hochhäuser fressen sich in die einst waldreichen Hänge, Brücken überqueren Häuser, Auffahrten winden sich durchs Tal und dazwischen wird ein kanalisierter Fluss durchgeschoben. *„Die deutsche Landschaft stirbt: zerschnitten, zersiedelt, zerstört"* titelte ein Spiegel-Buch Mitte der achtziger Jahre Hier stirbt keine Landschaft mehr, hier ist sie schon seit Jahrzehnten mausetot. Ich stelle mir vor, dass jemand die Sieg aufstaut. Ingenieuren macht so etwas Spaß. Wird sich schon einer finden. Übrig bliebe der hübsche Schlossberg als Insel, die hässliche Autobahnbrücke diente als Bootssteg und die beiden Einkaufszentren könnten als künstliche Riffs genutzt werden. Das wäre Konversion auf Oberligaebene.

Wieder zurück in der Realität begebe ich mich auf dem schnellsten Weg aus der Stadt. Ich fahre den Siegradweg weiter. Ein schmaler Grüngürtel trennt die Sieg von Eiserfeld. Nur wenige Fußgänger flanieren am Uferweg. Mich lacht eine Kiesbank an und wenige Minuten später stehe ich in der Sieg. Das Wasser hat den Moloch Siegen unbeschadet durchquert, ist glasklar und erfrischend kühl. Auch das gegenüberliegende Ufer ist zugewachsen. Der Platz hat dadurch Urwaldflair. Hier löst sich der Betonexzess in grüner Vielfalt auf. Ich bette mein müdes Haupt auf Kies.

Ein kräftiges *„Moije!"* ist der erste menschliche Laut am nächsten Tag, ehe ich nach Eiserfeld hineinfahre. Hammer und Schlägel sind hier allgegenwärtig. Viele Schieferhäuser schmücken sich damit, erinnern so an die Bergbautradition. Zweitausendsechshundert Jahre lang wurden im Siegerland Eisenspat, Kupfer, Braunkohle und Schiefer abgebaut. Zunächst kamen die Kelten. Sie blieben, weil sie sich hier nur bücken mussten, um Brauneisenstein aufzulesen. Überall in der Gegend traten die Erzadern offen zu Tage. Auch Wald und Wasser waren im Überfluss vorhanden. Schon bald nach ihrer Ankunft rauchten im Eisenland die Kohlemeiler. In den Bergtalern des Giebelwaldes bei Mudersbach wurden noch Reste ihrer *La-Téne-Öfen* gefunden. Im Felsenbachtal entstand eines der größten Schmelzzentren nördlich der Alpen. Das erzeugte Eisen war kostbarer als Gold. In die richtige Form gebracht, sicherte es Macht und Einfluss.

Die Region war das Ruhrgebiet des Mittelalters. Entlang der Bäche und Flüsse standen Poch- und Hammerwerke. Hier wurden Schwerter, Lanzen und Rüstungen für die blutigen Territorialkämpfe hergestellt. Im dreißigjährigen Krieg war die Region sogar der Reichsstadt Nürnberg wirtschaftlich überlegen. Die ersten industriellen Hochöfen, und Walzwerke standen nicht im Ruhrgebiet, sondern hier. Erst der Aufstieg des Ruhrgebiets und der industriellen Zentren im Saarland und Oberschlesien Mitte des neunzehnten Jahrhunderts brach der Eisenindustrie in Südwestfalen das Genick. Im Industriezeitalter konnte die Eisenherstellung dort wirtschaftlicher betrieben werden. Die Lichter der letzten Grube gingen dennoch erst 1965 aus.

Die Anlagen der Schwerindustrie waren nicht besonders hübsch. Erspart blieb ihrem Umfeld jedoch das Schicksal der Eifelwälder. Die Haubergwirtschaft sorgte für nachhaltiges Wirtschaften. Anders als weiter westlich wurden hier die Wälder nicht hemmungslos in Holzkohle verwandelt. Die Haubergswirtschaft machte es möglich. Das Prinzip war einfach. Auf genossenschaftlich bewirtschafteten Parzellen wurde ein Eichen-Birken-Niederwald gepflanzt. Der wurde alle zwanzig Jahre auf den Stock gesetzt. Danach trieb er wieder aus und das Spiel begann von vorne. Im Jahr nach dem Einschlag wurde zudem Getreide gepflanzt. Und wenn es Eicheln gab, trieb man Schweine durch den Niederwald. Clever.

Ich folge dem Radweg auf einem Hochwasserdamm und gelange über die Siegbrücke nach Rheinland-Pfalz, wo mich der Kurpfälzische Löwe empfängt. Die Kurpfalz zählte zu den bedeutendsten weltlichen Territorien des Heiligen Römischen Reichs Deutscher Nation, war aber ein

Flickenteppich. Das Bundesland vor mir verdankt seine Existenz erst der Verordnung des französischen Generals Pierre M. König vom August 1946. Als amerikanische Truppen im Frühjahr 1945 das Gebiet besetzten, war es noch nicht eigenständig. Die Rheinhessen gehörten zu Hessen, die Pfälzer zu Bayern und der Rest (wie Nordrhein-Westfalen) zu Preußen. Kein Wunder, dass sich auch hier nur sehr zögerlich ein Gemeinschaftsgefühl entwickelte. In den Grenzregionen wurden noch vor etwas weniger als vierzig Jahren Volksentscheide durchgeführt, die jedoch nicht die erforderliche Mehrheit für die Angliederung an die angrenzenden Bundesländer fanden. Und so blieb Mudersbach, durch das ich gerade fahre, bei Rheinland-Pfalz. Sein Ortsteil Niederscheiderhütte ist jedoch längst mit dem Siegener Ortsteil Niederschelden zusammengewachsen.

Niederscheiderhütte entstand als Wohnsiedlung der Charlottenhütte, durch deren Betriebsgelände nicht nur die Sieg, sondern auch die Landesgrenze mäandert. Im Februar 1864 wurde der erste Hochofen angeblasen. Später begann hier der Aufstieg des NS-Kriegsverbrechers Friedrich Flick. *„Totaler Krieg, totaler Profit"* titelte die Zeit 2004.

Der Aufschwung kam mit der Eisenbahn, die Steinkohle aus Ruhrgebiet herbrachte und die Reviere an Rhein, Ruhr und Sieg verband. Tag und Nacht rollten hier die Güterzüge. Die Erzstürze am Bahnhof Niederschelden kam nicht zur Ruhe. Am 5.März 1999 wurde in der Charlottenhütte die letzte Schicht gefahren. Im Tal stehen noch die alten Werkshallen und die Hochofen-Schornsteine, am Birker Ley, dem Niederscheidener Hausberg, kleben noch die Schlackenhalden.

Einige Radlängen später schmiegt sich Freusburg an den Hang. Die Burg auf dem steil abfallenden Bergsporn ist bereits aus der Ferne gut zu sehen. Sie hatte viele Leben. Unter den Nazis war sie zunächst Wehrertüchtigungslager, später Reichsarbeitsdienstlager und schließlich Reservelazarett. Heute gehört sie dem Deutschen Jugendherbergswerk.

In Betzdorf ist es mit der romantischen Siegtalidylle vorbei. Um den Adenauer-Busbahnhof ist der Ort ein Albtraum aus Beton, der sich in der Fußgängerzone fortsetzt. Wäre mir die Bekanntschaft dieses Ortes versagt geblieben, ich hätte damit leben können.

Betzdorf sah nicht immer so aus. Mit dem Bau der Bahnstrecke wurde es als Rangierbahnhof für die umliegenden Eisenerzbergwerke wichtig. Der Knotenpunkt blieb den Alliierten im Zweiten Weltkrieg nicht ver

borgen und so wurden die Stadt in Schutt und Asche gelegt. Bitter ist, dass zehn Jahre nach Kriegsende fast alle Eisenbahneinrichtungen stillgelegt wurden. Von der ehemaligen Eisenbahnerstadt ist nichts übriggeblieben.

Mir reicht es! Ich habe es plötzlich sehr eilig. Leider liegen noch einige Berge vor mir. Erst zur Mündung in den Rhein hin weitet sich das Siegtal. Im Windecker Ländchen wird das Tal endlich so breit, dass der Radweg an der Sieg entlangführt. Stille. Kein Autoverkehr mehr. Ich radele ganz entspannt im Hier und Jetzt durch das Tal und habe wieder unverschämtes Glück. Auf der Höhe von Herchen treffe ich erneut auf einen Kiesstrand, drumherum nur Wald und Wasser. Ich nehme das Angebot dankbar an. Ungünstig wäre jetzt allerdings ein Unwetter im Siegerland. Dann hätte ich ein Problem. Die Wetternachrichten geben Entwarnung. Also wasche ich mir den Staub aus dem Gesicht, lege meine wunden Füße ins glasklare Wasser und mache eine Flasche Riesling auf.

Am nächsten Morgen genieße ich die Fahrt durchs flache Siegtal. Siegburg ist bereits vor Grundsiefen, das Siebengebirge schon vor Siegburg zu sehen. Oberhalb von Lanzenbach habe ich kurze Zeit später einen Panoramablick aufs Siegtal und dann ins Pleißer Ländchen. Stille Dörfer, Hügel und Weiden bestimmen das Landschaftsbild. Vor Oberpleiß überfalle ich ausgetrocknet und überhitzt eine Tankstelle. Ich kippe das eiskalte Kohlensäurewasser fast in einem Zug hinunter. Besonders vernünftig ist das nicht. Doch nicht immer siegt die Vernunft. Und es war echt geil. Als hätte ich an der Tanke Energie getankt.

Rheinland
Nachkommen widerspenstiger Speckfranzosen

Vor mir liegt das Siebengebirge. Es beginnt heute für mich mit Itten-
bach, im 19. Jahrhundert ein beliebtes Ausflugsziel. Gaststätten und
Hotels säumen noch heute die Bundesstraße. Leider zieht die Auto-
bahnauffahrt eine Girlande motorisierter Fahrzeuge durch den Ort.
Von hier oben fließt der ganze Verkehr über eine schmale und kurvenreiche Straße steil bergab ins Rheintal. Für die Mächtigen der Bonner
Republik war dieses Nadelöhr der Weg zum Arbeitsplatz. Schon mit
dem Auto ist die zweispurige Strecke kein Vergnügen, mit dem Rad ist
sie Horror pur. Wer schon immer Mal wissen wollte, wie es ist, ins Tal
zu rollen und sich die enge Fahrbahn mit einer Blechkarawane zu teilen,
ist hier richtig.

Das Besucherzentrum des Siebengebirgsvereins steht in einem Park
und wirkt verlassen. Tatsächlich treffe ich bei meinem Rundgang niemanden. Das Schutzgebiet wurde 1923 eingerichtet und war mit der
Lüneburger Heide das erste in Deutschland. An dessen Rand liegt der
Petersberg. Lange Zeit war er eines der am besten bewachten Gebiete
der Bonner Republik, denn auf seiner Spitze liegt das ehemalige Gäste-
haus. Hier gaben sich die Mächtigen der Welt die Klinke in die Hand.
Heute ist der vom Tal aus gut auszumachende Palast ein Grandhotel
der exklusiven Steigenbergerkette - und damit für Normalsterbliche
weiterhin Tabuzone.

Der Berg soll bereits dreieinhalbtausend Jahre vor unserer Zeitrechnung besiedelt worden sein. Sicher ist auch, dass die Kelten hier einen
Ringwall errichteten. Im Mittelalter wurde er zur Wallfahrtsstätte des
Heiligen Petrus. Vier Bittwege führten auf den Gipfel. Nach dem Zweiten Weltkrieg kontrollierten die Westmächte von hier oben, was in
Bonn und dem Rest des Landes geschah. Frisch gewählt vom Bonner
Parlament, sieben Kilometer Luftlinie zu seinem Geburtshaus, machte
der rheinische Katholik Konrad Adenauer in Wurfweite zu seinem Ge-
burtsort am 21. September 1949 bei der Alliierten Hohen Kommission
hier oben im Luxushotel seinen Antrittsbesuch. Mit seiner antinazisti-
schen Vita (*"Adenauer an die Mauer!"* forderten die Nazis im Kölner OB-
Wahlkampf 1933), seinem antikommunistischen Kurs und seiner strik-

ten Westorientierung schuf er bei ihnen schnell Vertrauen. Mit dem Petersberger Abkommen hatte er schon kurz nach seinem Amtsantritt erste Lockerungen des Besatzungsstatuts und ein Ende der Demontagen vor allem in Ruhrgebiet erreicht. 1955 erreichte er mit dem Deutschlandvertrag, dass die Besatzungsmächte dem Westen die Souveränität wiedergaben. Der Weg war frei, mit den Funktionseliten des untergegangenen Nazireichs das Wirtschaftswunder zu stemmen.

Als ich in Königswinter ankomme, ist es schon später Nachmittag. Durch die Altstadt schieben sich so viele Besuchergruppen, dass ich mich nach kurzer Zeit entnervt zur nächsten Fähre verfüge.

Der Rhein, den ich gerade für kleine Münze und ohne jegliche Formalitäten überquere, war zu Napoleons Zeit eine streng bewachte Zollgrenze. Links des Rheins hatten die Franzosen die alten Binnenzölle zwischen den Kleinstterritorien aufgehoben. Umso stärker war die Abschottung gegenüber den – zunächst - nicht besetzten Gebieten. Für die Unternehmen dort war das eine Katastrophe. Viele waren darauf angewiesen, ihre Waren drüben zu verkaufen. Für viele Händler bedeutete die Zollgrenze den Ruin.

Die Preußen hatten sich bereits im Baseler Frieden damit abgefunden, dass französische Truppen dauerhaft in ihrem Teil der Rheinlande bleiben. Für die Bevölkerung war die Fremdherrschaft unterm Strich ein Segen, zumal die Franzosen so klug waren, die Verwaltung weitgehend den Rheinländern zu überlassen und nur das Spitzenpersonal aus Frankreich holten. Besonders die Gewerbefreiheit und das neue Zivilgesetzbuch - der *Code Napoleon* - brachten die linksrheinische Wirtschaft derart in Schwung, dass man im restlichen Preußen bald neidisch von den Speckfranzosen sprach. Kein Wunder, dass die sich später weigerten, auf die Errungenschaften der napoleonischen Zeit zu verzichten. Die Franzosen ließen von den antiquierten preußischen Verwaltungsstrukturen nicht viel übrig. Justiz und Verwaltung wurden getrennt, vereinheitlicht und neu geordnet, kirchliche Güter radikal säkularisiert, im Klartext: enteignet. In vielen Bereichen hielt der moderne Staat Einzug, sehr viel früher als in allen Gebieten rechts des Rheins.

Als sich Napoleons Armee aus dem Rheinland zurückziehen musste, nachdem der große Egomane in Waterloo Leichenberge hinterlassen hatte, fiel das Gebiet wieder an die Preußen. Denen waren Land und Leute inzwischen entfremdet. Zu lange hatte der freiheitliche Geist hier gewirkt. Mit Argwohn schaute man in Berlin auf die zurückerlangten Gebiete. Das hatte bis hinein in den akademischen Bereich Auswirkungen. Die Preußen verboten es der gerade erst gegründeten Bonner Universität noch vier Jahre nach dem Abzug der Franzosen *„Männer anzustellen, deren einseitige Vorliebe für das französische Recht der gleichen Vorliebe der Bewohner entgegenkommt."* Das kam nicht gut an. Als dann auch noch das angestaubte Allgemeine Preußische Landrecht wieder eingeführt werden sollte, gab es fast einen Aufstand. Erst 1844 wurde auf Drängen des Provinziallandtages ein Lehrstuhl für rheinisch-französisches Recht eingerichtet.

Der bürgerliche Artillerieoffizier mit pathologischer Neigung zum Größenwahn blieb vielen hier auch nach seinem Scheitern in guter Erinnerung. Seine dunkle Seite hatten sie schließlich kaum zu spüren bekommen. Wie viele Rheinländer in seine Armee gepresst wurden, weiß ich nicht. Auch der Düsseldorfer Heine blieb ein – wenn auch reichlich enttäuschter - Verehrer. Der freiheitsliebende Dichter wuchs unter den Gesetzen der Trikolore auf. Ihm - wie dem gesamten liberalen Europa - galt Frankreich als Hort der Kultur. Zu Napoleons Einzug über die Allee des Hofgartens in Düsseldorf - dreieinhalb Jahre vor Waterloo - schrieb er: *„Aber wie ward mir erst, als ich ihn selber sah, mit hochbegnadigten, eigenen Augen ihn selber, Hossianna! den Kaiser ... Als ich mich durch das gaffende Volk drängte, dachte ich an die Taten und Schlachten, die mir Monsieur Le Grand vorgetrommelt hatte, mein Herz schlug den Generalmarsch."* Das war kurz vor seinem vierzehnten Geburtstag. Er spottete später *„Franzosen und Russen gehört das Land, / Das Meer aber gehört den Briten, / Wir aber besitzen im Luftreich des Traums, die Herrschaft ganz unbestritten, / Die anderen Völker haben sich, Auf platter Erde entwickelt."* Deutschland existierte nicht, vom ‚Heiligen Römische Reich Deutscher Nation' waren nur der Deutsche Bund und die Habsburger Donaumonarchie übriggeblieben. Noch lange verteidigte Heine Napoleon gegen die deutsche Restauration, die *"schäbige, plumpe, ungewaschene Opposition gegen eine Gesinnung, die eben das Herrlichste und Heiligste ist, was Deutschland hervorgebracht hat, nämlich gegen jene Humanität, gegen jene allgemeine Menschenverbrüderung, gegen jenen Kosmopolitismus, dem unsere großen Geister, Lessing, Herder, Schiller, Goethe, Jean Paul, dem alle Gebildeten immer gehuldigt haben."* Aus Paris spottete er: *„Noch immer das hölzern pedantische Volk, / Noch immer ein rechter Winkel / In jeder Bewegung, und im Gesicht / Der eingefrorene Dünkel."*

Ob sich heute noch jemand im Rheinland an die napoleonische Zeit erinnert? Abgesehen von Historikern der hiesigen Universitäten natürlich. In Bonn-Mehlem, das ich nun mit der Rheinfähre erreicht habe, ist auf dem Radweg Rushhour angesagt. Das führt zu einem kleinen Zwischenfall, der mich an der Frohnatur der Rheinländer zweifeln lässt. Gegenüber liegt Deutschlands meistbesuchter Berg. Nein, nicht die Zugspitze. Es ist der Drachenfels. Auch der ist bequem und ganz ohne Bergsteigen erreichbar. Mein Verortungs-Ich kommt etwas außer Kontrolle, weil ich mich auf den Berg im Objektiv konzentriere. Die Folge ist, dass ich unbeabsichtigt auf dem Radweg stehe. Nur eine Schrittlänge lang. Nicht wirklich ein Verkehrshindernis. Prompt werde ich von hinten angepflaumt, der Radweg sei ausschließlich für Radfahrer da. Dieses Angezicke macht mich nicht wirklich froh. Da die Radfahrerin fast so breit ist wie die Promenade, sehe ich es ihr großmütig nach. Außerdem ist das Leben zu kurz für Kindereien.

Der Vorort war eine der Schlafstädte der Bonner Republik, allerdings nicht so exklusiv wie Godesberg und Königswinter. Er war eher das Aschenputtel. Die Mehlemer standen über Jahrhunderte unter keinem guten Stern. Im Dreißigjährigen Krieg erging es dem Flecken schlecht, später machten Unwetter und Überschwemmungen den Siedlern zu schaffen. Die Bevölkerung verelendete. Hoch oben auf dem Rodderberg verbrannte man die üblichen Verdächtigen. Anfang des letzten Jahrhunderts beendete eine Reblausseuche die lange Tradition des Weinanbaus. Heute sind an die Stelle der Weinberge Wiesen und Obstkulturen getreten, durch die ich nun bergauf nach Meckenheim fahre. Das Land hier trägt den Namen der Landmarke auf der gegenüberliegenden Rheinseite. Die Hügel des Drachenfelser Ländchen werden im Osten vom Siebengebirge überragt. Das Gebiet bildet den südöstlichen Zipfel des Naturpark Kottenforst-Ville. Hier wurde bis in die siebziger Jahre des vorletzten Jahrhunderts Braunkohle im Tagebau abgebaut. Längst sind die Tagebaue auf dem fünfzig Kilometer langen Höhenrücken der dünn besiedelten Ville rekultiviert. Neue Dörfer und Wälder entstanden, manche Löcher liefen voll und bilden heute eine Seenplatte Das freut die Bonner unten in ihrem dichtbesiedelten Rheintal.

Die Strecke nach Meckenheim ist zweispurig, hügelig und hat viele unübersichtliche Kurven. Auf den Luxus eines Radweges haben die Straßenplaner verzichtet. Es scheint volkswirtschaftlich kostengünstiger zu sein, ab und zu einen Radfahrer von der Straße zu kratzen. Die Bundesanstalt für das Straßenwesen berechnet meinen Wert mit 1,2 Millionen. Das ginge der Volkswirtschaft verloren, wenn mich jemand platt fahren würde. Rein statistisch gesehen. Der Kilometer Radweg kann schon Mal über zweihunderttausend Euro kosten. Dem stehen jährlich nur sechshundert tote Radfahrer entgegen. Da wundert es mich, dass überhaupt Radwege gebaut werden.

Hier und heute ist mein Risiko jedoch gering. Im Feierabendverkehr hängt Stoßstange an Stoßstange. Es geht nur im Schneckentempo voran. Olfaktorisch und lärmtechnisch gesehen ist die Gegend allerdings suboptimal. Aus dem neben mir schleichenden Stinker quatscht mich jemand an. Meine Neigung zu einem gepflegten Gespräch ist angesichts der Umstände deutlich geringer als seine. Vor und hinter ihm blasen sie mir ihre Abgase ins Gesicht. Ich kann mir eine giftige Bemerkung nicht verkneifen. Es gibt Leute, die haben nur Eidotter im Schädel. Sorry, aber das musste Mal gesagt werden.

Als ich die Plantagenstadt endlich erreiche, schlage ich mich umgehend in die Büsche. Ich habe die Nase voll. Die Plattenbausiedlung gegenüber ist leider nach dem großen Brand von 1787 errichtet worden. Ich schaue einfach in die andere Richtung. Kaum habe ich mein Biwak zwischen den Brennnesseln aufgebaut, geht die Sonne als großer roter Feuerball hinter den endlosen Apfelplantagen unter. Leider kann ich nicht auch noch meine Ohren wegdrehen. Aus dem Siebzigerjahreghetto dröhnt noch spätabends Techno. Wenn es kurz still wird, höre ich die Fetzen eines lauten Streits. Gnade! Ruhe ist ein selten gewordenes Gut im dicht besiedelten Europa.

Noch etwas benommen und mit schweren Gliedern krieche ich kurz nach Sonnenaufgang aus dem Biwak. Erneut erwartet mich ein haptisches Erlebnis, auf das ich gerne verzichtet hätte. Meine rechte Hand landet in einem klitschigen Etwas. Heureka! Die Schneckenplage hat mich wieder. Jetzt, am frühen Morgen, fühlten sich die Viecher im feuchten Gras pudelwohl. Eigentlich sind es Zuwanderer aus dem vorwiegend trockenen Spanien. Kein Wunder, dass es sie in den feuchten Norden trieb. Da sie bitter schmecken, sind sie an den Franzosen schadlos vorbeigekommen. So kommt es, dass in manchem deutschen

Garten die Salatköpfchen kaum die Pubertät erreichen. Kommen die Surfer angeschleimt, ist über Nacht nichts mehr, wie es vorher war. Römer sind sie, Imperialisten, die unser Land erobert haben. Die Zuwanderer können täglich fast die Hälfte ihres Körpergewichts wegputzen.

An der Plage sind wir selbst schuld. Aus unseren wohlgeordneten Vorgärten und durchrationalisierten Agrarlandschaften haben wir die Schneckenfresser vertrieben oder wegrationalisiert. Gänse, Enten, Hühner, Igel und Eidechsen verschmähen die Spanische Wegschnecke im Gegensatz zu den Franzosen nämlich nicht.

In nutze den kurzen Aufenthalt in Meckenheim, um meine Lebensmittelvorräte aufzufrischen. Glücklicherweise muss ich dazu nicht auf eine sternenklare Vollmondnacht warten. Meine Vorfahren schon, wenn sie erfolgreich jagen wollten. Heute genügen ein paar Euros in der Tasche, um die Beute im grellen Neonlicht zu erlegen. Als ich mein Jagdrevier verlasse, steht ein alter Mann neben meinem Esel. Wir kommen ins Gespräch, obwohl er maulfaul ist und ich am frühen Morgen nur unwillig Rauchzeichen gebe. Er klagt über die heutige Jugend, die nur noch vorm Computer sitze, um hirnlose Spiele zu spielen. Ich kann zu dem Thema wenig beitragen und entschwinde alsbald in die Weite der Meckenheimer Kulturlandschaft. Dort begegne ich *Acer pseudoplat errectum.* Es handelt um sehr friedliche Wesen, die man hier in Reih und Glied aufgestellt hat. Im Lateinischen steht *acer* für spitz. Das bezieht sich auf die Blätter der Pflanze. Der Boden um die Stadt herum ist fruchtbar. Das nutzen die findigen Meckenheimer seit langer Zeit. Das Landschaftsbild ist durch Baumschulen, Rosenfelder und Obstplantagen geprägt.

Ich verlasse die Apfelstadt. Bei Rheinbach beginnt der Anstieg zur Eifel. Hier lebte Hermannum Löher. Der holländische Kaufmann wurde 1610 Bürgermeister der Ackerbürgerstadt. In die Geschichtsbücher geschrieben hat er sich mit der *„Hochnötige Unterthanige wemütige Klage".* Er war bereits einundzwanzig Jahre Bürgermeister, als auch in seiner Stadt die Hexenprozesse begannen. Als Schöffe musste er hilflos mit ansehen, wie über hundert Menschen gefoltert und schließlich verbrannt wurden. Rechtschaffene Bürger, von denen er viele kannte. Verantwortlich dafür war der aus Bonn abgeordneten fanatischen Hexenkommissar Dr. Franz Buirmann. Eindringlich berichtet Löher später im

Exil über das Martyrium eines Opfers: *"Als Christina Böffgens sich in der folter auff Gott Jesum Christum in tods nodt vertröstet/ und ihr die sprach mit ablassung ihres wassers entfallet und des lebens Geist hinweg in der folterung gehet/ und als ein Marterin todt war/ und der Hencker den todt an den Frewel Richter Frans Beurman in volgenten worten bekent machet und saget: ich foltere die Frauw aus eweren geheiß und sie ist in der Folterung des todts gestorben/ als ich vorhin gesagt habe. Da lauffet der Bößwicht Frans Beurman umb und umb unter den Scheffen wie ein doller desperater Mensch/ dem woll wissent ist/ daß er die Göttliche und Keyserliche Rechten im folteren und peinigen zu seiner verdamnuß solte verdient haben."*

Der greise kurfürstliche Vogt Dr. Schweigel, in den Schöffenstand gezwungen, protestierte gegen die bewusste Missachtung der kaiserlichen Halsgerichtsordnung. Die Reaktion des sadistischen Buirmann ließ nicht lange auf sich warten. Schweigel endete auf dem Scheiterhaufen, zum Richtplatz gezogen von seinen eigenen Pferden, verbrannt mit seinem eigenen Holz. Löher selbst entging seiner Verhaftung nur durch die Flucht nach Amsterdam. Heute stellen nicht mehr zugezogene Holländer sondern Christdemokraten die Bürgermeister, mit satten Mehrheiten. Dem bleibt es erspart, das christliche Abendland in Hexenprozessen zu verteidigen.

Beidseits der Hauptstrasse - die sich zur praktischen Orientierung auch so nennt - reihen sich Geschäfte wie auf einer Perlenkette am Teerband auf. Nicht wenige davon verabreichen gegen entsprechendes Entgelt Aufputschmittel in der hierzulande gesellschaftlich akzeptierten Form coffeinhaltiger Heißgetränke. Wäre der Krach und Gestank nicht, würde auch ich mich in eine dieser Drogenhöhlen begeben. Stattdessen eile ich der klaren Luft der Eifel entgegen. Die Sonne scheint, ich habe mir nichts mehr zu beweisen, bin bald am Ziel. Meine Stimmung könnte nicht besser sein. Am Straßenrand kommen mir Jogger entgegen. Von der Straße zwischen Flamersheim und Stotzheim habe ich einen Premiumblick über die Kölner Bucht bis hin zur Eifel.

Unten im Tal liegt Euskirchen im Dunst. In den Erftauen wurden Pferde für das königliche Heer der Merowinger gezüchtet. Das Land ist bis heute von Weiden geprägt, aber auch vom Ackerbau. Die Römer haben große Waldflächen gerodet, um Getreide anzubauen. Vor *Belgica*, heute Billig, fahre ich bergauf Richtung Bad Münstereifel und verliere schließlich völlig die Orientierung, als der Radweg längere Zeit durch den Wald verläuft. Schließlich lande ich in Arloff. Die Kirche ist über sechshundert Jahre alt. Der alte Mann davor ist, ausweislich seiner unzähligen Falten, nur unwesentlich jünger. Beide machen jedoch einen sehr rüstigen Eindruck. Ohne seine Hilfe wäre ich in die völlig falsche Richtung gefahren. Nach der Trödelei am Morgen gehe ich die Sache etwas ernsthafter an und bin bald in Mechernich. Ich bin meinem Ziel damit schon sehr nah.

Eifel
Wind, Wasser und stille Wälder

Die Region um Mechernich hat viele Berge. Von einem lebte sie über Jahrhunderte. Durch den Bleiberg zieht sich ein Flöz, der bis Kommern reicht. Noch heute lagern dort fünf Prozent des Weltvorrates an Bleierzen. Bereits Kelten und Römer gruben sich durch den Berg. Später holten die Bauern im Winter das Erz aus dem Berg. Trotz des Bergschatzes blieb der Ort lange überschaubar. Erst in der zweiten Hälfte des neunzehnten Jahrhunderts begann mit dem Aufschwung der Montanindustrie die städtische Entwicklung. Für kurze Zeit war er auf dem Kontinent sogar berühmt. 1886 wurde hier der damals höchste Schornstein Europas eingeweiht. Der ‚Lange Emil' war über Jahrzehnte das Wahrzeichen Mechernichs. Der Kölner Dom ist nur vierundzwanzig Meter höher. Die Dauerbaustelle steht noch, Mechernichs Landmarke wurde 1961 gesprengt. Vier Jahre zuvor gingen im Bleibergbau die Lichter aus, weil der Bleipreis um vierzig Prozent sank. Ohne Bergbau war die Bleihütte überflüssig. Geblieben ist von der Industriegeschichte der riesige Güterbahnhof. 1938 war er Hauptumschlagplatz für den Westwall. Von hier aus wurde das Baumaterial zu den vielen Baustellen südlich der Stadt transportiert.

Hinter Mechernich macht die Eifel ernst. Es geht zwar zunächst trügerisch bergab, doch dann stetig bergauf. Bei Hostel wallen die Hügel der Eifel im Gegenlicht, im Vordergrund steht ein steinernes Kreuz. Das letzte war mir in der Warburger Börde begegnet. Ich fahre auf einem Wirtschaftsweg noch ein paar Kilometer Richtung Kall. Mein Weg endet für heute auf einem schmalen Wiesensteifen, der zu einem Wasserhochbehälter gehört Von dort habe ich einen Panoramablick. Im Süden zieht sich ein Waldrücken am Horizont entlang. Auf der Bundesstraße unten im Tal hängt Stoßstange an Stoßstange - Feierabendverkehr. Im Nordwesten beginnen die ausgedehnten Wälder der Nordeifel. Gegenüber frisst sich ein Tagebau in den Berg.

Einige Kilometer weiter südlich liegt das Schattenreich des Riesen Kakus. Wie das Tor zum Hades öffnet sich bei Eiserfeld eine zwanzig Meter hohe Felswand. Ein Bach hat die geräumige Höhle aus dem Kalkstein gewaschen. Reste von Mammut und Wollnashorn sowie

Werkzeug hat man hier kurz vor dem ersten Weltkrieg ausgegraben. Es sind die ältesten Spuren menschlicher Besiedlung im Rheinland, manche sollen dreihunderttausend Jahre zurückreichen. Die Jäger und Sammler nutzten derartige Höhlen, um sich ohne Aufwand vor dem garstigen Wetter und dem hungrigen Säbelzahntiger zu schützen. Erst vor sechseinhalbtausend Jahren begannen sie, die dunklen Löcher zu verlassen. Als Jäger und Sammler mussten die Steinzeitmenschen über Jahrtausende den großen Pflanzenfressern hinterher ziehen, da waren Höhlen passable Unterkünfte. Heute gibt es tragbare Versionen, dafür bin ich sehr dankbar.

Am nächsten Morgen versaut mir der Berufsverkehr einen wunderbaren Kater. Legal ist sie nicht, die Abkürzung durch die Felder, dafür bereits vor Sonnenaufgang umso beliebter. Nach einer Viertelstunde, als der Rieslingsschleier vor meinen Augen verschwunden ist, setzt mein karger Restverstand ein. Ich quäle mich entnervt aus dem Schlafsack und schaue zu, dass ich mich umgehend von dieser provisorischen Schnellstraße entferne. Gestern Abend war es hier oben deutlich friedlicher.

Der Radweg führt entlang der nicht minder belebten Bundesstraße durch das Tal der Urft. Gemünd beginnt eine dreiviertel Stunde später mit einem Gewerbegebiet, über das es nichts Positives zu berichten gibt. Schnell weg hier! Die Straße führt direkt in die Innenstadt. Die Stadt ist grad aus dem Bett gekrochen. Ein junges Pärchen ödet sich auf einer Bank an der Urft an. Es scheint viel spannender zu sein, dem träge dahinfließenden Bach zuzuschauen, als sich den Mühen und mitunter gefährlichen Klippen zwischenmenschlicher Kommunikation auszusetzen. Vielleicht waren sie aber einfach noch nicht richtig wach. In der Fußgängerzone hat nur die Bäckerei auf. Eine Verkäuferin steht sich gelangweilt die Beine in den Bauch.

Früher war hier mehr los. Das Schleidener Tal war der wichtigste Industriestandort in der Nordeifel. Seit dem 15. Jahrhundert blühte hier die Eisenindustrie. Gusseiserne Herdplatten aus der Eifel wurden zu einem Markenprodukt, das den Händlern bald in ganz Mitteleuropa aus den Händen gerissen wurde. Allerdings war die mittelalterliche Variante der Globalisierung hürdenreich. Pferdefuhrwerke rollten über marode Römerstraßen, wenn sie sich nicht durch morastige Hohlwege quälen mussten. Heute erledigen Fernfahrer den Job. Ihre Kraftpakete versorgen noch den letzten Winkel mit Konsumgütern, die für uns zum guten Leben gehören. Weil wir die dunkle Seite unserer Konsumgewohnheiten, den Lärm und Gestank der Lastkraftwagen, nicht in unseren Siedlungen haben wollen, bauen wir Umgehungsstraßen, die unsere Landschaften nicht schöner machen, unser Leben nicht besser. Außerirdische könnten das für groben Unfug halten. Manche Innerirdische tun das bereits, denn grenzenloser Konsum und gutes Leben haben eher kleine Schnittmengen.

Heute profiliert sich der Ort als Tor zum Nationalpark Eifel. Die Hälfte des Parks liegt auf Schleidener Stadtgebiet. Ich suche das Nationalparktor und verliere dabei zuerst den Wegweiser, danach die Geduld. Ich hoffe nur, dass Touristen mit weniger Interesse aber mehr Zeit sich dorthin verirren, sonst wäre es schade um die Steuergelder.

Weil ich noch keine Lust zum Bergsteigen habe, folge ich dem Urfttal. Vorbei an schiefergedeckten Häusern fahre ich auf der Urftseestraße Richtung Staumauer. Kaum habe ich die Letzten hinter mir gelassen, ist mein Weg auch schon zu Ende. Letztes Jahr lag dieser Teil des Uferweges noch im militärischen Sperrgebiet. Nach der diesjährigen Saison war er nun wegen Ausbesserungsarbeiten bis Ende November gesperrt, das Tor geschlossen. Schade, aber ich bin flexibel. In null Komma nix habe ich einen neuen Plan aus dem Ärmel geschüttelt und fahre über den Alten Römerweg und Morsbach zur Dreiborner Hochfläche. Die Bergstrecke ist steil. Vor dem Nationalpark liegt eine Barriere des Schweißes. Oben auf dem Berghang werde ich mit einem Panoramablick über Gemünd, das Urfttal und die Wälder des Nationalparks bis hin zum Kermeter belohnt.

Die rauen Höhen der Eifel vor mir wurden erst sehr spät besiedelt. Das Rheinland war schon tausende von Jahren bewohnt, als sich die ersten Siedler dauerhaft in die engen Täler und unwirtlichen Hochebenen wagten. Damals wuchs die keltische Bevölkerung explosionsartig. Ein Klimaumschwung bescherte den Bauern wärmeres Wetter. Die ‚Tapferen' kletterten mit Pflug und Hacke auf die Höhen der Eifel und säten auf den kargen Böden Emmer, Dinkel und Linsen. Auf den Höhen entstanden neue Dörfer hinter Wall und Graben. Nach dreihundertfünfzig Jahren endete das milde Wetter. Zwei Vulkanausbrüche verdüsterten den Himmel, die Sonne drang nicht mehr durch. Auf der Nordhalbkugel wurde es für lange Zeit kälter. Das hatte drastische Folgen für die Kelten. Hatten sie zuvor nur mäßige Ernten, lohnte sich der Anbau nun nicht mehr. Sie mussten die Höhensiedlungen aufgeben. Allerdings trafen sie auf Talbewohner, die auch hungern mussten. In dieser Zeit ging die Bevölkerung um achtzig Prozent zurück. Vom Hunger getrieben, suchten viele Kelten ihr Heil im Süden. Sie eroberten das noch schwache Rom, belagerten das reiche Delphi, plünderten die Westküste Kleinasiens und siedelten sogar in Anatolien. Bei dieser Gelegenheit schauten sie auch bei Alexander dem Großen vorbei. Städtegründungen wie Paris, Turin, Budapest und Ankara gehen auf ihr Konto.

Ich reiße mich von Panoramablick und keltischer Vergangenheit los. Der Weg windet sich durch Wiesenhänge hoch nach Herhahn. Auf dem Friedhof liegt ein Teil der Toten, die vor Jahrzehnten aus der heutigen Wüstung Wollseifen umgebettet wurden. Hinter Herhahn wird es radfahrtechnisch wieder ruppig, denn ich muß auf der Eifelautobahn weiterfahren. Nach kurzer Zeit führt eine vierspurige Straße zur ehemaligen belgischen Van Dooren-Kaserne. Sie endet in der ‚Ordensburg Vogelsang', hoch über dem Urftstausee. Adolf Nazi ließ diesen gewaltigen Komplex auf hundert Hektar errichten. Die umbaute Fläche reicht für drei mittelgroße Einkaufszentren. Hier sollten Junker zur Herrschaft über Europa ausgebildet werden. Keiner der drei Jahrgänge kam zum Abschluss. Mit dem Beginn des zweiten Weltkriegs wurde das Gelände an die Wehrmacht übergeben, die Junker Kanonenfutter. Heute dient ein Teil davon als Besucherzentrum des Nationalparks Eifel, der 2006 auf dem ehemaligen Truppenübungsgelände der Belgier errichtet wurde.

Der Rückweg führt mich über die ehemalige Instandhaltung. Keine drei Kilometer Luftlinie vor mir liegt das, was vom ehemaligen Dorf Wollseifen übrig geblieben ist. Vor dem Krieg war das Dorf eine Eifelidylle, mit schilfbedeckten Bauernhöfen und atemberaubendem Panoramablick. Bereits im 19ten Jahrhundert zog es die ersten Touristen hierher. Heute wieder, doch niemand ist da, der sie mit offenen Armen empfängt. Das Dorf musste nach dem Zweiten Weltkrieg geräumt werden. Krommenauels Jupp, mit bürgerlichem Namen Josef Lorbach, hat die Geschichte des Dorfes unter dem Titel *„Die Trümmer schweigen nicht"* aufgeschrieben. Er beginnt seine Aufzeichnungen mit der Beschreibung, wie die schon monatelang als Gerücht kursierende Nachricht vom Räumungsbefehl im Dorf aufgenommen wurde: *„Es war an einem heißen Sonntag im August 1946. ‚Om Hennes‘, der Straße vor der Kirche in Wollseifen, stand die Überzahl der Männer des Dorfes gestikulierend in aufgeregter Unterhaltung zusammen. Die Frauen, auf dem Heimweg aus der Kirche erweckten einen niedergeschlagenen Eindruck und eine Vielzahl der Frauen schämte sich an diesem Augustsonntag ihrer Tränen auf offener Straße nicht. Es war so, als wollten die schwülen Gewitterwolken das ganze Dorf, samt Mensch und Tier erdrücken.“*

1934 begann, was mit der Vertreibung endete. Wollseifen musste Grund und Boden für die nationalsozialistische Ordensburg Vogelsang hergeben. Das Gebiet wurde zunächst paramilitärisches Gelände, ehe es von der Wehrmacht übernommen wurde. Knapp ein Jahrzehnt später kam der Krieg nach Wollseifen. Am 14.September 1944 schlug um die Mittagszeit die erste Granate ins Schulhaus des Dorfes ein. In der Winteroffensive lag es unmittelbar an der Front. Die Bewohner schliefen im Keller oder in den nahen Westwallbunkern. Einen Tag vor der Ardennenoffensive legte ein starker Bomberverband das Dorf in Trümmer. Am 22. Dezember verfügte die NSDAP den Räumungsbefehl. Harte Kämpfe um die Höhen von Wollseifen folgten. Am 4. Februar 1945 gegen neun Uhr haben die Amerikaner das Dorf eingenommen. Im Frühjahr 1945 war aus der Ferienidylle verbrannte Erde geworden. Die Urft wand sich als kleines Rinnsal in ihrem alten Bett der zerbombten Staumauer entgegen. Kein Baum, kein Strauch stand hier mehr. In der Nähe der Staumauer wurden über tausendzweihundert Bombentrichter gezählt.

Die ersten Einwohner konnten schon im März wieder zurückkehren. Die ehemalige Erholungslandschaft bot ein Bild der Verwüstung, verglühte Panzer zwischen den Trümmern der Bauernhäuser und verwesende Tierkadaver. Überall lagen noch Blindgänger und Minen herum. Viele Eifeldörfer sahen zu dieser Zeit so aus. Kaum war das Hämmern verklungen, die ersten Kühe im Dorf wiederaufgetaucht, die erste Ernte nach dem Krieg einzubringen, kam der Räumungsbefehl. Die englische Militärregierung ordnete an, dass das gesamte Sperrgebiet nach dem 31. August 1946 nicht mehr betreten werden dürfe. Die Wollseifener suchten in den umliegenden Dörfern Notunterkünfte. Bemühungen, sie auf der gegenüberliegenden Seite der Urfttalsperre auf dem Kermeter anzusiedeln, verliefen im Sande. Noch vor Abschluss der Räumungsaktion zog die erste zugelassene Zeitung in der Region, die ‚Aachener Nachrichten', folgende Bilanz: *„Der einzurichtende Truppenübungsplatz Vogelsang erstreckt sich über eine Fläche von rund 400 ha. Das sind zwei Drittel des Gebietes der Gemeinde Dreiborn, der das Dorf Wollseifen zugehörte. 150 ha dieser Fläche war bestes Kartoffelanbaugebiet. In der Gemeinde Dreiborn wurden bis zum Zusammenbruch 2115 Stück Rindvieh gehalten. Es wurden pro Jahr und Kuh 2200 Liter Milch erzeugt. Von der Einrichtung des Truppenübungsplatzes wurden insgesamt 350 landwirtschaftliche Betriebe betroffen, davon verloren 100 Betriebe ihr gesamtes Wirtschaftsland. Rund 200 Personen wurden durch die Einrichtung des Truppenübungsplatzes in Mitleidenschaft gezogen."*

Nach der Räumung wurde es Zielscheibe für die Kanonen der Briten. Lediglich die Kirche und Teile der Schule überlebten den Kanonenhagel halbwegs. Das Gesicht des Dorfes wurde gespenstisch. Die Natur holte sich die Siedlung zurück. Wilde Kaninchen gruben ihre Baue in den Hausgärten, Brennesseln und Dorngesträuch wucherten überall. Die Stille wurde nur durch Gefechtslärm unterbrochen. Die Reste des Dorfes dienten als Kulisse für Übungen im Häuserkampf.

Ich verlasse den gespenstischen Ort, nicht aber die stummen Zeugen der jüngeren Geschichte. Die Eifelautobahn führt mitten durch den ehemaligen Übungsplatz, wo die Reste eines gesprengten Westwall-Bunkers einen kleinen Hügel bilden. Bunkersysteme und Panzersperren zwischen Kleve und Basel sollten den Eindruck erwecken, das Reich sei unbesiegbar. Doch schon der Bau hätte beinahe dessen Ruin bedeutet. Dreieinhalb Milliarden Reichsmark (etwa 30 Milliarden Euro) kostete die Propagandashow. Sie brachte das Tausendjährige Reich bereits nach einem halben Jahrzehnt an den Rand des Staatsbankrottes. Nach Jean Ziegler (*„Die Schweiz, das Gold und die Toten"*) gelang es den Nazis nur mit Hilfe der Schweizer Banken, die Pleite abzuwenden.

Bis zu anderthalb Meter dick waren die Betondecken. Die hier vor mir liegenden schaffen es immerhin auf einen Meter. Sie sind nach der Sprengung durch die Alliierten wie Eisschollen übereinander geschoben. Eisenteile ragen aus ihnen wie Krakenarme heraus. Schon während des Baus waren die meisten Anlagen veraltet, entsprachen nicht mehr dem Stand der Wehrtechnik. Nach dem Überfall auf Frankreich, Belgien und die Niederlande wurde alles, was nicht niet- und nagelfest war, entfernt. Die Feldbetten landeten als ‚Westwallbetten' in zivilen Bunkern, die Geschütze am Atlantikwall. Als das erweiterte Großdeutsche

Reich nach der ,*Operation Overlord'* auch im Westen täglich schrumpfte, erinnerten sich die Nazis der inzwischen verwahrlosten und maroden Anlagen. Hektische und hilflose Versuche der Reaktivierung begannen. Jugendliche wurden zwangsverpflichtet. Gegen Ende des Krieges war das Gebiet um den Westwall schwer umkämpft - insbesondere in der Schlacht um Hürtgenwald nördlich von hier und in der Ardennenoffensive. In den Bunkern, deren Trümmer jetzt vor mir liegen, haben die Einwohner Wollseifens vor den Bomben und Granaten der Alliierten Schutz gesucht.

Heute setzten sich Naturschützer für die noch erhaltenen Teile ein. Sie nennen ihn ,Grüner Wall im Westen', denn auch hier hat sich die Natur längst verlorenes Terrain zurückerobert. In den Einschusslöchern und Sprungrissen des Westwalls siedeln Moose und Farne, in den verbliebenen Hohlräumen gesprengter Bunker haben Fledermäuse Unterschlupf gefunden.

Auch jenseits des Westwalls kommt wieder Leben in die Eifel. Der Biber ist zurück. Er hat es sich in den zahlreichen Seitentälern der Eifel gemütlich gemacht. Ihn juckt das kalte Klima nicht. Er überlebt selbst in Patagonien. Daher kommt er sogar mit Bodenfrost im Juli klar. Biber sind keine Warmduscher, sie paaren sich im eiskalten Wasser. Der Eifelnationalpark ist auch Uhuland. Hundert Brutpaare haben die Ranger schon im ersten Jahr gezählt. Luchse - die Raubkatzen mit den putzigen Pinselohren - sind auch wieder da. Mit ihnen auch die noch selteneren und scheueren Wildkatzen.

Die schwersten Kämpfe fanden auf der gegenüberliegenden Seite der Rur statt. Nachdem ich ins Tal hinabgesaust und auf der anderen Seite wieder hoch gekrochen bin, stehe ich in Kesternich vor einem Denkmal, das an das harte *„Ringen um Kesternich"* erinnern soll. Allerdings fand hier Ende 1944 bis Frühjahr 1945 kein Sportfest statt. Gemeint ist das Gemetzel im letzten Kriegswinter. Hier starben tausende Soldaten der Alliierten und der Wehrmacht, weil die Nazielite immer noch an den Endsieg glaubte. Vor Lammersdorf durchziehen Betonblöcke in Reih und Glied die Wiesen. Mitten durch die Panzersperren des Westwalls sind Pappeln gepflanzt worden. Hinter Lammersdorf verläuft die Bundesstraße direkt an der Grenze durch ein Hochmoor. Dahinter, in Roetgen, hingen am 12. September 1944 weiße Bettücher aus den Fenstern. Fahnen, Bücher und Führerbilder waren bereits verbrannt. Aus den Wäldern des Venn kamen die Amerikaner und betraten hier zum ersten Mal deutschen Boden. Am 30. Juni 1930 läuteten in Roetgen noch die Freiheitsglocken, brannten Freudenfeuer statt Häuser und Scheunen, weil die Besatzungstruppen das Rheinland verlassen hatten. Die Befreiung durch die Alliierten wurde weniger enthusiastisch gefeiert.

Roetgen (gesprochen ‚Rötchen‘) liegt auf dem Luvhang des Hohen Venn. Das ist nicht unbedingt ein Nachteil für mich. Entspannt rolle ich zwischen den von feuchter, schwerer Luft umhüllten Bäumen hinunter zur belgischen Grenzstadt Raeren (gesprochen ‚Raren‘). Ich bin müde und fühle mich einsam auf der dunklen Straße. Die Arme schmerzen. Es ist schon spät am Tag und ich habe keinen Bock mehr auf mein noch taunasses Biwak und den klammen Schlafsack. Alles mieft, mich eingeschlossen. Ich brauche dringend eine Dusche. Ein halbwegs frisches Federbett werde ich auch nicht verachten.

Grenzland Eupen
Hier spricht man deutsch

„Belgien existiert nicht mehr!". Der öffentlichrechtliche Fernsehsender *Radio-Télévision Belge de la communauté Francaise* sorgte wenige Monate nach meiner Tour mit einer fiktiven Sondersendung für Wirbel und Tränen. Nicht wenige Belgier nahmen die Meldung für bare Münze. Die Wogen schwappten hoch. Genau das war beabsichtigt - ein Weckruf fünf vor Zwölf. Die an der nationalen Einheit nagenden Zentrifugalkräfte werden seit Jahrzehnten nur mühsam durch das Königshaus zusammengehalten. Separatistische Strömungen wie *Vlaams belang* werden immer stärker. Inzwischen wählt jeder vierte Flame die Partei. Es ist die weichgespülte Fassung des ehemaligen *Vlaams Blok*. Dessen Motto lautete unmissverständlich *„Eigen volk eerst"*.

Trotz anderslautender Mythen ist der *communautair conflict* (flämisch) oder *conflict communautairé* (wallonisch) nicht älter als die Belgische Revolution – in der die südlichen Provinzen des Vereinigten Königreichs der Niederlande sich von den protestantischen Nordprovinzen abspalteten. Im neuen Staat wurde der flämischen Bevölkerungsmehrheit Französisch als Amtssprache und der Katholizismus als Staatsreligion aufgezwungen. Klug war das nicht. Gegen die später eingeführte Zweisprachigkeit wiederum hatten die ohnehin zweisprachigen Bildungsbürger in Flandern etwas, weil das zur Aufweichung ihrer Privilegien führte. Noch später fürchteten die Wallonen, von der Bevölkerungsmehrheit übervorteilt zu werden. So entstand eine Gegenbewegung der französischsprachigen Minderheit. Die Belgier tappten zuverlässig von einem Fettnäpfchen ins nächste. Zur Verständigung trägt bis heute nicht bei, dass die flämischen Parteien während der Besatzungszeit mit den Nazis zusammenarbeiteten.

Das Land musste viele Herren ertragen, ehe es zur fragilen Einheit fand. Als Caesar in Gallien ankam, lebten hier die keltischen Belgen, während rechts des Rheins die germanischen Stämme siedelten, die mit ihrer ‚Jastorf-Kultur' die Kelten zunehmend verdrängten oder kulturell integrierten – so sicher ist sich die Forscher da noch nicht. Jedenfalls hat Caesar erst mal römische Ordnung in das Dickicht der nordischen Wälder gebracht. Per Dekret fanden sich alle, die zwischen der *Sequana*

(Seine) und *Matrona* (Marne) durch die Wälder zogen, als Bewohner der römischen Provinz Belgica wieder. Im 5. bis 9. Jahrhundert war das Gebiet Teil des Frankenreichs. Karl der Große und seine Vorfahren wurden im Lütticher Land geboren. Das mit der Frankenherrschaft ging fast fünfhundert Jahre gut, bis die Enkel Karls das Reich unter sich aufteilten. Damit war sein Untergang besiegelt. Auch das Gebiet des heutigen Belgien zerfiel in einzelne Herzogtümer und Grafschaften. Die wurden im vierzehnten Jahrhundert in mühevoller Kleinarbeit vom burgundischen Herrscherhaus der *Valois* eingesammelt - mit einer geschickten Heiratspolitik und cleveren Verträgen. Es muss nicht immer Krieg sein.

In der zweiten Hälfte des 15ten Jahrhunderts folgten die Habsburger. Zunächst regierte der spanische Zweig, später der österreichische. Dann kam Napoleon und annektierte das Gebiet. Als die Fürstenhäuser nach Waterloo Europa neu ordneten, einigten sie sich, Frankreich im Norden künftig durch einen starken Staat zu begrenzen. Man kann ja nie wissen. Dass ihnen ein dahergelaufener Artillerieoffizier in die Suppe spuckt – das sollte ihnen nicht noch einmal passieren. Davor sollte sie nach dem Wiener Kongress das Haus Nassau-Oranien mit einem Bollwerk schützen, dem auch das heutige Belgien zugeschlagen wurde. Die Belgier wurden dabei nicht gefragt. Langsam wurde es ihnen zu bunt. Fünfzehn Jahre nach dem Kongress begehrten sie auf und machten künftig ihr eigenes Ding. Aber so weit waren wir schon.

Das deutschsprachige Grenzgebiet in Wurfweite zu Aachen gehörte zunächst nicht zum neuen Staat. Die Preußen hatten es sich auf dem Wiener Kongress unter den Nagel gerissen. Deutsch löste Französisch als Amtssprache ab. Mit der Reichsgründung 1871 gehörte es zwangsläufig zum Deutschen Kaiserreich. Das änderte sich schon fünfzig Jahre später. In den Stellungskriegen des ersten Weltkrieges wurden viele kleinere Städte in Flandern zerstört. Als Ausgleich musste Deutschland im Versailler Vertrag die Region um Eupen abtreten. Die Belgier waren zwar nach zehn Jahren bereit, die Gebiete zurückzugeben. Damit waren jedoch die Franzosen nicht einverstanden. Mit dem Überfall der Wehrmacht war der Streit bis zur Befreiung durch die Alliierten vorübergehend militärisch gelöst. Nach dem Krieg wurden die Grenzen des Versailler Vertrages wiederhergestellt. Das änderte nichts daran, dass in den Ostkantonen der Region Lüttich bis heute überwiegend Deutsch gesprochen wird. Die siebzigtausend Mitglieder der deutschsprachigen Minderheit haben eine eigene Verwaltung, wie die Flamen und Wallonen. Aus deren Scharmützel halten sie sich heraus. Der Schwanz wedelt nicht mit dem Hund. Ihr Anteil an der Gesamtbevölkerung liegt bei einem Prozent.

Hinter dem dunklen Wald liegt Schossent. Vor einer kleinen Kneipe genießen Leute, die im Gegensatz zu mir ein Dach über dem Kopf haben, ihren Feierabend bei Himbeerbier oder ähnlich eigenwilligen Köstlichkeiten. Weit und breit finde ich in den Straßenfluchten aus Grauwacke weder ein Hotel noch annähernd so etwas wie eine Ortsmitte. Auch Raeren dahinter ist eine Streusiedlung. Dezente Panik ergreift mich, weil ich kurz vor meinem Ziel wenig Neigung verspürte, mich noch einmal irgendwo in die Büsche zu schlagen. Ein ordentliches Bett und ein Dach über dem Kopf, ist das denn zuviel verlangt? Endlich taucht so etwas wie eine Ortsmitte auf. Gegenüber der Kirche und der stattlichen Residenz des Bürgermeisters finde ich endlich, was ich suche. *„Zeige ich hierdurch den Bewohnern von Raeren und Umgebung ergebenst an, dass ich mit dem heutigen Tage an der Kirche hierselbst eine Gastwirtschaft eröffnet habe"* erklärte im März 1883 der Urgroßvater des Herrn, der mich hinter der Theke freundlich in Empfang nimmt. *„Sprechen Sie Deutsch, haben Sie noch ein Einzelzimmer, was kostet es und kann ich mein Rad unterstellen?"* Herr Creutz Senior spricht deutsch, wie fast alle hier. Von den rund zehntausend Einwohnern hat fast die Hälfte sogar einen deutschen Pass. Ich parke auf seine Anweisung mein Rad im Hof und folge ihm durch verschlungene Pfade in den zweiten Stock. Dort hat er für mich ein Doppelzimmer mit Blick auf den Kirchturm. Meinen Pass will er noch haben. Wenn ich noch zu einem Bier runterkäme, bekäme ich ihn auch heute noch zurück. Was für eine Frage! Natürlich habe ich Bierdurst. Ich räume meinen Rucksack mit den klammen Klamotten aus und schalte den Fernseher an. Nach fast vier Wochen ohne Flimmerkiste ein eigenartiges Erlebnis. Während mir unter dem warmen Regen der Dusche langsam klar wird, dass ich es geschafft habe, nehme ich wieder Anteil am kulturellen Leben der Republik. Der Westdeutschen Rundfunk meldet, dass der 77-jährige Düsseldorfer Philosoph Jürgen Habermas den Staatspreis des Landes für sein Lebenswerk erhält. Der sozialdemokratische Vordenker hat sich mit dem Satz in mein Hirn gefräst „*Sinn ist eine immer knapper werdende Ressource.*" Was war der Sinn meiner Reise? Ich wollte ein Land kennenlernen, das ich bislang nur unzureichend verstand. Ich wollte Leute kennenlernen, die in diesem Land leben. Ich wollte Landschaften sehen, die ich bisher nur von Satellitenbildern kannte. Ich wollte mir ein Teil von Deutschland erfahrbar machen. Nun kann ich locker mit Stefan Raab singen: „*Ich liebe deutsche Land, de det de det de dä.*" Natürlich nur unter der Dusche.

Nach intensiver Körperpflege treibt mich der Bierdurst zum Zapfhahn. Das Eupener Bier ist kein deutsches Siebenminutenbier. Egal, es hat die richtige Temperatur und schmeckt wie flüssiges Manna. Im Schankraum bin ich mit dem Seniorchef alleine und sehr bald gehen auch die beiden Restaurantgäste. Die Pilzpfanne lacht mich an. Sie ist das Tagesgericht, aber ich will Herrn Creutz nicht in die Küche scheuchen. Wir unterhalten uns zunächst über die Distanz, später setzt er sich zu mir. Könige der fliegenden Themenwechsel sind wir beide. Ich erfahre viel über die Geschichte der Region, seine Familie, den Status der deutschsprechenden Belgier und europäische Lebensmittelvorschriften, die den Wirten das Leben nicht eben leichter machen. Wir reden uns bettschwer.

Als ich am nächsten Morgen aufwache, bin ich zunächst irritiert. Bett ist ein Ort, der mir fremd wurde - fühlt sich aber gut an. Kurz nach neun gehe ich runter. Ich bin der einzige Gast. Der Tisch ist reichlich gedeckt, der Kaffee hervorragend. Auf der Straße, die ich über das große Fenster überblicke, ist nichts los. Daher fällt mein Blick auf die gegenüberliegende Wand. Dort hängt Herr Creutz im Narrengewand, umringt von zahlreichen Abzeichen. Auch hier wird der bierselige rheinländische Karneval gefeiert - für den Durchschnittsbelgier ein eher fremdes Ritual. Es ist dies aber kein provozierendes Gewese. Und wenn der Belgier sich nicht seinem antiquierten Volkssport widmet, in alten Wunden zu pullen, ist er erfrischend liberal. Liberaler jedenfalls, als mancher Yankee im mittleren Westen – was allerdings keine große Kunst ist.

Nach ungewohnt opulentem Frühstück verabschiedet Herr Creutz mich freundschaftlich. Ich verlasse ihn mit dem Gefühl, jederzeit willkommen zu sein. Draußen erwartet mich blauer Himmel. Ich streune herum. Aufgeregt ist die Welt anderswo. Ich sitze in der Spätsommersonne vor dem Rathaus, das Kreischen der Grundschüler ist verebbt. Hinter mir gedenkt die Gemeinde Raeren ihren Gefallenen *„Sie starben, aber uns erhebt das Wort. Wer so stirbt, lebt fort."*

Schweren Herzens verlasse ich die Rodung im Aachener Reichswald. Ich habe das Kaff währen meines kurzen Aufenthalts liebgewonnen. Irgendwann werde ich zurückkommen – vorausgesetzt, ich komme zunächst einmal hier weg. Der Weg nach Aachen ist nicht ausgeschildert. Wozu auch? Wer hier lebt, kennt ihn. Ich frage einen Mann, der an seinem Haus arbeitet. Im Grunde sei der Weg ganz einfach. Es gehe immer geradeaus. Recht hat er. In Aachen angekommen, fahre ich zügig zum Bahnhof. Im Zug verstaue ich Rad und Gepäck, mache mir ein Bier auf und denke:

„Ei dit it mei wäääihhh!"

Buchvorschau

Einmal Heidelberg und zurück
Mit dem Rad rund um Baden-Württemberg
Einmal Palma und zurück
Zu Fuß rund um Mallorca
Einmal Corralejo und zurück
Zu Fuß rund um Fuerteventura
Einmal Rügen und zurück
Mit dem Rad rund um Mecklenburg-Vorpommern
Einmal Larnaca und zurück
Zu Fuß rund um Zypern

Bereits erschienen

Einmal Eivissa und zurück
Zu Fuß rund um Ibiza
ISBN 9783839182000
Einmal Los Ajaches und zurück
Zu Fuß rund um Lanzarote
ISBN 9783842362116
Einmal Schlitz und zurück
Mit dem Rad rund um Hessen
ISBN 9783842362239

Bestellbar bei Ihrem Buchhändler oder über den Internetbuchhandel.
Aktuelle Infos finden Sie auf

www.outdoor-reiseberichte.info